당신의 퇴근은 언제입니까

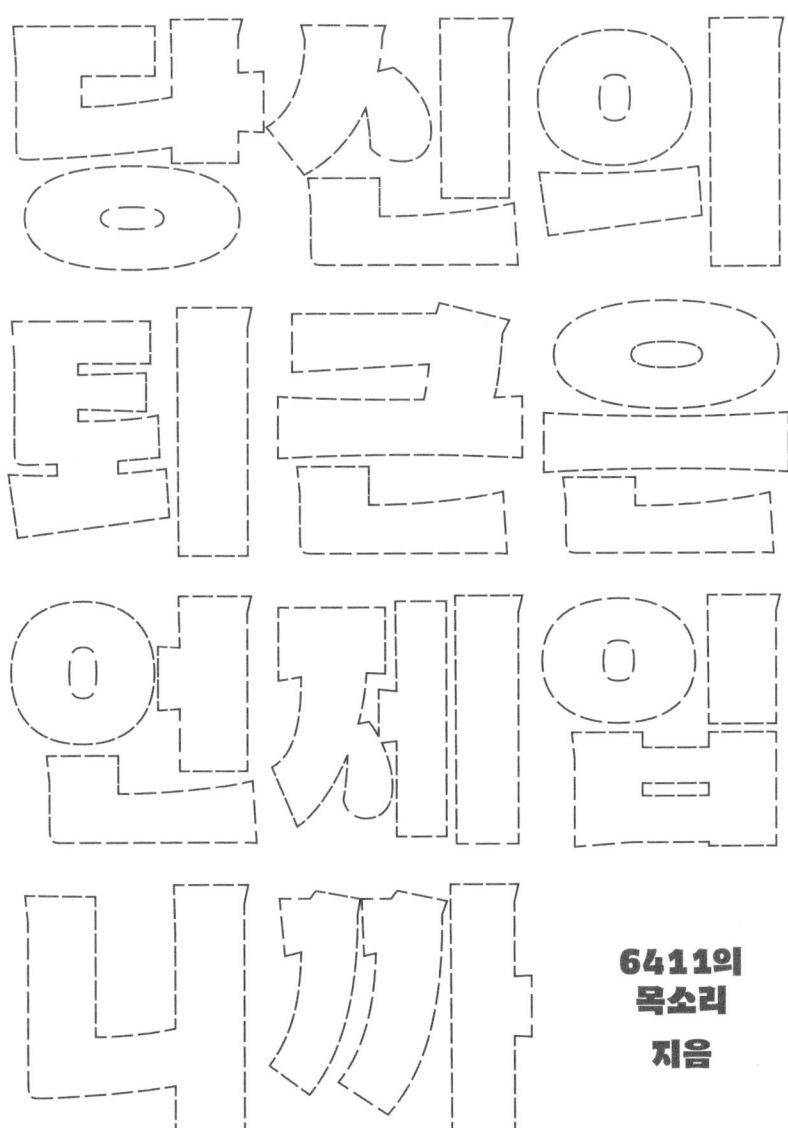

6411의 목소리 지음

창비

일러두기
'다시 듣는 노회찬의 목소리'는 고(故) 노회찬 의원이 생전에 남긴 말과 글을 바탕으로 구성한 것으로, 각 글의 내용과 직접적인 관련은 없을 수 있습니다.

여는 글

당신은 지금 어떤 자리에서
어떤 시간을 살고 있나요?

 우리는 서로 관계 맺고 살아갑니다. 매일 누군가와 만나고 함께 일하며 하루를 이어갑니다. 이토록 많은 사람과 더불어 살지만, 혼자라는 기분이 들 때가 있습니다. 왜 그럴까요?

 사회학자 지그문트 바우만은 오늘날을 액체 현대liquid modernity라고 불렀습니다. 인구 이동이 적고 생활양식도 비교적 안정적이어서 미래를 계획할 수 있었던 사회는 오래전 지나갔습니다. 많은 것이 견고하게 고정된solid 시절을 통과하여, 지금 우리는 불확실성으로 유동하는 액체의 시대를 살고 있습니다. 액체는 담는 그릇에 따라 모양이 달라지는 속성이 있지요. 틈이 생기면 빠져나가고, 작은 충격에도 쉽게 흔들립니다. 액체화된 인간은 외부 환경에 의해 하루하루 이곳저곳으로 흐릅니다. 끊임없이 자리를 옮기며 정체성의 혼란 속에서 항구적 불안을 겪게 됩니다.

『보이지 않는 노동자들』문학동네 2024을 집필한 이승윤은 하염없이 유동하는 액화노동melting labour의 양태를 추적했습니다. 그는 액화노동이란 근로기준법에 규정된 일의 방식, 작업장 범위, 정해진 노동시간, 명확한 고용 관계에서 벗어난 노동 형태를 포괄한다고 말합니다. 모든 경계가 녹아내리며, 불안정하고 비정형적인 노동 속에서 보호받지 못하는 노동자들이 늘어가고 있습니다.

'6411의 목소리'는 그렇게 녹아서 형체를 잃어가는 이들에게도 자기만의 목소리가 있다는 것을 알리는 작업입니다. 거대한 액체화 과정 속에 존재하지만, 이곳에 모인 각자의 이야기들은 윤슬처럼 빛납니다. 나의 각도로 말하면서 세상의 볕을 되비춥니다. 화려하지는 않지만, 어떤 문학보다 진실한 예순가지의 기록이 여러분을 기다리고 있습니다.

평소 무심하게 지나친 이야기입니다. 혹은 알지만 모른 척한 이야기입니다. 이들의 목소리를 당사자의 입을 통해 직접 듣는 경험은 여러분의 삶을 되돌아보게 할 것입니다. 이들이 느꼈던 기분이 나의 경험과 다르지 않음을 확인하게 할 것입니다. 우리가 연결된 존재라는 것을 느끼게 할 것입니다. 나의 언어가 출렁일 때, 나와 파동으로 연결된 다른 물결들도 감각할 수 있듯이 말입니다.

'당신의 퇴근은 언제입니까'라는 질문은 당신은 지금 어떤 자리에서 어떤 시간을 살고 있는지 묻는 것과 같습니다. 이 질문은 다른 사람의 하루를 상상하게 하고, 그가 짊어진 삶의 무게를 헤아리게 합니다. 경쟁을 강요받는 한국사회는 겉으로는 선택지가 많은 것처럼 보이지만 실상은 그렇지 않습니다. 경쟁하거나 새 판을 짜야 하고, 그에 따른 책임은 오롯이 개인의 몫으로 전가됩니다. 성공과 실패는 손바닥의 앞면과 뒷면처럼 달라붙어 있습니다. 약육강식의 논리는 자유와 공정이라는 말로 그럴듯하게 포장돼 널리 퍼졌습니다. 외부 착취와 내적 착취 속에서 우리는 사회적 다윈주의의 공모자가 되고 있습니다. 어제도 오늘도, 그리고 내일도 노동자는 쓰러집니다.

우리는 온전히 퇴근할 수 없는 사회에서 살고 있습니다. "아침에 다녀올게" 하고 집을 나섰다 다시는 돌아오지 못하는 노동자도 지난 한해만 827명에 이릅니다. 안전하게 일하고 일한 만큼의 대가를 받으며 안녕히 집으로 돌아가는 상식적인 일이 대한민국에서는 이토록 어렵습니다. 오늘날의 휴식과 여가는 노동을 위한 준비 시간에 가깝습니다. 신자유주의의 자기개선 강박 속에서 퇴근은 곧 다른 노동의 시작이며, 끝내 오지 않는 약속입니다. 그렇기에 우리는 퇴근의 굴레에 대해 질문해야 합니다. 자본주의라는 야만적 체제의 부품으로 속박당하지 않기 위해 우리는 다른 사람에게 퇴근을 묻고 내일의 안부를 물어야 합니다. 그것은 나의 삶을 되돌아보는 질문이 되고, 우리 사회가 앞으로 나아갈 방향에 대한 물음이 됩니다. 질문은 작은 울림에서 시작돼 한 사람의 마음을 흔들고, 세상을 바꾸는 힘으로 이어집니다.

소설가 한강의 그 유명한 질문을 빌려 "나의 질문이 너의 현실을 도울 수 있는가", "나의 말하기가 우리들의 연대를 엮어낼 수 있는가"라고 우리는 묻습니다. 여기에 실린 글들은 이 질문에 대한 다양한 응답이 될 것입니다. 물론 완전한 해답이란 유예될 수밖에 없을 것입니다. 그러나 갈수록 불안정해지는 현실 속에서 함께 질문하는 사람들의 목소리들을 그러모아놓는 일이 우리 시대의 새로운 흐름을 여는 기초작업이라는 것을 압니다. 주변화된 노동뿐 아니라 농민, 어민, 난민, 장애인, 산재 유가족, 거대기업의 피해자, 각종 활동가들이 광대무변하게 만들어내는 '난잡한 돌봄'의 관계들이 우리의 연대를 왁자지껄하게 확장하고 우리의 방향성을 근본적으로 재구성해줄 것이라 믿습니다.

보이지 않던 목소리, 다양한 경험의 목소리가 세상의 지도를 바꿉니다. 그 믿음을 함께 공유하며 '6411의 목소리'가 뻗어나가도록 지속적으로 지면을 내어준 한겨레에 감사합니다. 좀더 나은 세상을 위해 애쓰는 노회찬재단의 노고에도 아울러 감사의 마음을 전합니다. 이 한권의 책을 위해 보이지 않는 곳에서 최선을 다한 창비와 창비 직원들에게도 이 지면을 빌려 고생하셨다고 말씀드리고 싶습니다.

6411의 목소리 편집자문위원

강명효 고영직 권순대 권지현 김성희 노지영 박미경
유이분 이재명 전수경 천현우 최지인 하명희 하종강

차례

여는 글
005 당신은 지금 어떤 자리에서 어떤 시간을 살고 있나요?

1부
증언하고 기록하다

017 29년째, 의영이를 부릅니다 — 가습기 살균제 피해 유가족

022 새가 되고 싶은 적 있나요? — 팔레스타인 난민

027 나는 해녀우다 — 제주 해녀

032 교통 상황은 바뀌어도 내 삶은 제자리 — 교통방송 리포터

036 미얀마에서 온 증언자 — 미얀마 민족통합정부 한국대표부 노무관

041 카우보이 모자를 쓰고, 오늘도 안녕! — 학교보안관

045 불 속으로 떠난 남편, 법 뒤로 숨은 회사 — 화재사고 노동자 유가족

049 구두로 딸을 키웠고 연대로 나를 키웠다 — 제화노동자

053 상담실 밖에서 쓰는 편지 — 상담사

058 쇳밥 먹은 도시의 뒷모습 — 1인 소공장 운영

062 간첩에서 시민으로 — 재일동포

067 비요일, 해요일, 바람요일 — 양봉가

072 방탄조끼도 없이, 스탠바이! — 독립PD

076 '삼발이' 골목의 노동조합 — 인쇄노동자

081 눈 감고도 살아야 하니까 — 시각장애인 안마사

2부
견디고 움직이다

089   재활용선별장에서는 인간도 선별된다 — **재활용선별노동자**

093   빨고, 꿰매고, 건네며 — **세탁소 운영**

098   오늘도 택배차는 과로를 싣고 달린다 — **택배노동자**

102   눈에 선하게, 마음에 닿게 — **화면해설작가**

107   사과하고 또 일하고 — **아파트 경비노동자**

111   야근보다 힘든 질문들 — **IT개발자**

115   전화는 끊기지 않고 휴식은 오지 않는다 — **연예인 매니저**

119   여권을 돌려주세요 — **조선노동자**

124   다시 꿰매는 삶 — **수선집 운영**

129   내려가지 않겠다, 일터를 돌려달라 — **공장노동자**

134   교통약자를 싣고 고통도 함께 싣는다 — **교통약자 특별교통수단 운전원**

138   누군가의 밤을 치우며 살아가는 일 — **환경미화원**

142   서울을 떠날 결심 — **옥천군 마을공동체지원센터 팀장**

147   계약 없는 글쓰기의 나라에서 — **만화 칼럼니스트**

152   사지 마세요, 살아 있어요 — **'동공당' 대표**

3부

맞서고 고발하다

159	1퍼센트의 지분, 100퍼센트의 책임 —	**셔틀버스 운전기사**
164	'영웅'이 사라지는 이유 —	**간호사**
169	나는 기자입니다 그리고 난민입니다 —	**난민**
173	보이지 않는 곳을 고치는 사람 —	**가전제품 분해 청소노동자**
178	차별과 환대 사이에서 —	**협동조합 '쩜오책방' 조합원**
183	쿠팡은 사과하지 않았다 —	**쿠팡 택배 사망노동자 유가족**
187	이모도 여사님도 아닌 —	**호텔 룸메이드**
191	나의 이동권, 나의 운동권 —	**지체장애인·인권활동가**
195	'닭강정'이 아니라 '작감정'이요 —	**약국 파트타임 직원**
200	쪽가위를 들던 손, 피켓을 들다 —	**재봉사**
205	그리고 쓰고 일하고 버틴다 —	**읽고 쓰고 그리는 예술노동자**
210	또다른 나그네를 찾아서 —	**홈리스 아웃리치 상담활동가**
215	툭툭, 지식의 먼지 위에 서다 —	**물류업 종사자**
220	적자로 계산되는 간호사의 하루 —	**간호사**
224	원자로 곁에서 겪는 차별 —	**핵발전소 노동자**

4부
연결하고 돌보다

231　'패스트 케어' 시대의 아이들 — **하늘샘 지역아동센터장**

236　밥 냄새가 나는 사람 — **학교급식노동자**

241　기다리는 몸, 기울어지는 삶 — **대전여성장애인연대 활동가**

246　나는 지역에서 혁명을 꿈꾼다 — **두루미책방 대표**

251　마루 위의 노동자, 법 밖의 노동자 — **마루노동자**

256　빛과 같은 어른이 되고 싶어요 — **상호문화교육 강사**

261　손으로 말하고 마음으로 듣는 시간 — **농·난청문화예술활동 강사**

266　삶을 나누는 수업을 시작합니다 — **대안학교 교사**

271　'사과'가 검열 대상이 된 이유 — **도서관 사서**

276　하루 2만보의 돌봄 — **사회복지사**

281　'가을 전어'는 돌아오지 않는다 — **기후소송 원고**

286　'미인도'가 말을 걸어오다 — **협동조합 '고개엔마을' 사무국장**

291　렌털 가전을 돌보는 나는 누가 돌봐주나요 — **방문점검원**

296　오늘도 아이를 읽습니다 — **독서지도사**

300　조선업 호황의 뒷면 — **하청노동자**

닫는 글
306　감옥으로부터의 편지
313　우리는 직장 동료입니다

1부

증언하고
기록하다

29년째,
의영이를 부릅니다

허정자

가습기 살균제 피해 유가족

제 딸 의영이는 1995년 10월 5일 서울 은평구 응암동 한 산부인과에서 건강하게 태어났습니다. 아기와 함께 퇴원해 집으로 돌아왔는데, 며칠 뒤 의영이가 감기 증세를 보였습니다. 동네 소아과에 갔더니 건조하면 안 좋다며 가습기를 잘 틀어주라고 했습니다. 1993년 5월생 아들도 감기에 자주 걸려 집에서 가습기를 계속 사용했는데, 때마침 TV에서 방송인 김연주 씨가 "세균과 물때를 다 없애준다"며 유공(현SK) '가습기메이트'를 광고하고 있었어요. 거기에 혹해서 남편에게 사 오라고 했습니다. 남편은 바로 동네 마트에서 '가습기메이트'를 사 왔습니다.

저는 매일 가습기를 틀었고, 아기 코밑에도 바로 대주며 쐬게 했습니다. 하지만 증세는 좀처럼 낫지 않고 더 심해지는 것 같아, 더 큰 병원을 찾아 서울서부역 건너편 소화아동병원을 찾게 되었습니다. 아기를 영아실에 입원시키고 무거운 마음으로 집으로 돌아왔습니다. 다음 날 오후 다섯시쯤 위급하다는 연락이 와 병원에 도착하니 심폐소생술을 하고 있었습니다. 우리 아기 좀 살려달라고 수없이 외쳤습니다. 하지만 무심하게도 우리 딸 의영이는 다시 돌아올 수 없는 먼 하늘나라로 떠났습니다. 태어난 지 50일 만인 11월 23일, 의영이의 짧은 삶은 그렇게 끝났습니다.

그렇게 내 딸을 하늘나라로 보내고 참 힘들고 마음 아프게 살았습니다. 그렇게 여러해가 흘러 TV에서 가습기 살균제가 독성 화학약품이라는 뉴스를 봤습니다. 순간 가슴이 덜컥 내려앉았습니다. 다른 사람도 아닌 바로 내가, 엄마가 아기를 죽인 셈이 되었으니 말입니다. 아프지 말라고 살균제를 넣었던 가습기가 아기를 얼마나 고통스럽고 힘들게 했을까 생각하면 지금도 죽고 싶은 심정입니다.

아직도 아기가 쌕쌕거리며 입술이 파랗게 되어 힘들어하던 모습이 눈에 선합니다. 우리 딸을 그렇게 고통스럽고 힘들게 만들었으니 저도 딸아이 곁으로 가고 싶다는 생각도 참 많이 했습니다. 평생을 죄책감으로 살고 있으니까요. 한동안은 우울증이 심하게 찾아와 아기를 죽인 죄인이라는 생각에 사람들을 똑바로 바라볼 수도 없었습니다. 남편도 제가 힘들어할까봐 표현은 안 하지만 너무 힘들어하고 있습니다.

29년이 지난 지금도 딸아이 또래 애들의 예쁘고 사랑스러운 모습을 볼 때면 의영이 생각이 납니다. 너무나도 보고 싶고 그립습니다. 현재 환경부 산하 환경산업기술원에 접수된 가습기 살균제 피해 신고자는 7891명, 사망 피해자는 1843명에 이릅니다. 이 보이지 않는 '공기 살인'으로 수많은 사람이 죽어갔고, 고통을 당하고 있습니다. 제 딸 의영이가 첫번째 사망자라고 합니다. 그런데도 제 딸은 아직도 가습기 살균제 피해자가 아니라네요. 너무나도 기가 막힌 일입니다.

억울하게 죽은 우리 딸 의영이는 '모세기관지염과 흡입성 폐렴'이 사망 원인이라는 사망진단서와 직업환경의학 전문의 환경관련성 평가서, 환경부의 가습기 살균제 피해 환경평가서가 있지만 입원한 지 하루 만에 사망하였고, 시간이 많이 지나 의무 진료 기록이 없어서 아직도 피해자로 인정받지 못했습니다. 2019년 개정 시행된 '가습기 살균제 피해구제를 위한 특별법'에 의해 '가습기 살균제 노출 확인자에 해당한다'는 환경부 통보만 받았을 뿐 개별 심사도 대기 중입니다. 흡입성 폐렴도 가습기 살균제 때문에 일어날 수 있다는 산

ⓒ필자 제공

아프지 말라고 살균제를 넣었던 가습기가
아기를 얼마나 고통스럽고 힘들게 했을까.

업안전보건연구원의 연구 결과도 나왔는데, 정작 의영이는 피해자가 아니라니 우리는 어떻게 해야 합니까.

살균제의 특정 성분이 폐질환을 일으킨다는 것이 입증됐다고 보기 어렵다며 1심에서 전원 무죄를 선고받은 SK케미칼 유공, 애경, 이마트 관계자들과 2023년 10월 26일 재판에서도 서로 변명만 하는 변호인들을 보면서 분노한 남편은 탄원서를 썼습니다. 2024년 1월 11일 이들 기업 관계자들의 과실치사 혐의 형사재판 항소심 선고가 예정돼 있습니다. 가습기 살균제가 에어로졸 형태로 분무되어 폐에 도달할 뿐만 아니라 염증을 일으킨다는 실험 결과도 나와 있는데, 가습기 살균제 피해 소멸시효는 30년이라고 합니다. 아직도 숨쉬기 힘들어하며 고통받는 사람들이 있는데, 죽어간 사람들이 있는데, 도대체 제 딸 의영이가 살아보지 못한 29년은 어떻게 되돌릴 수 있을까요.

다시 듣는 **노회찬의 목소리**

법은 만인에게 평등하지 않고 만명에게만 평등하다.
— 2016년 국회 교섭단체 대표 연설에서.

새가 되고 싶은 적 있나요?

살레 알란티시
팔레스타인 난민

폭발의 굉음이 시작된 2008년 여름, 나는 영어 시험을 치르려고 교실에 앉아 있었다. 학교의 온 사방에서 검은 연기가 피어올랐다. 그제야 이스라엘 점령군이 가자지구에서 전쟁을 시작했다는 것을 알았다. 급히 집으로 돌아와 텔레비전을 틀었다. 사람이 죽어가고 건물이 파괴되는 충격적인 장면들이 흘러나왔다. 그렇게 가자에서 내가 목격한 첫번째 전쟁이 시작됐다.

내 이름은 살레 알란티시, 1997년 가자시티에서 태어났다. 세상에 나온 첫날 이래 지금까지 난민으로 살고 있다. 1948년 야브나에서 강제 이주한 내 부모님과 가족은 칸유니스, 마가지, 마지막으로 샤티까지 여러 난민 캠프를 전전해야 했다. 2022년 12월, 한국에 유학생으로 입국한 나는 개인적인 사정으로 학교를 그만두고 한국정부에 난민 지위를 신청한 상태다. 생계를 위해 중고차 매매업에 종사하며 팔레스타인의 인권 상황을 알리는 활동가로 살아간다.

이스라엘의 점령 아래 살아가는 가혹한 현실을 깨닫게 한 그날 이후, 가자에서 나고 자란 팔레스타인인으로 고통은 점점 커졌다. 지구의 어떤 곳에서 태어났다는 이유만으로 지옥과 같은 상황을 견디며 살아야 한다. 팔레스타인 사람들은 75년이 넘도록 초법적인 살인과 자의적 체포와 구금에 시달려왔다.

내가 처음으로 폭격을 경험한 건 2001년, 네살 때였다. 정오가 조금 지난 시각, 나는 시장에서 산 조그만 병아리의 집을 짓고 음식과 물을 주면서 반려동물을 키운다는 즐거움에 들떠 있었다. 해 질 무렵, 폭격이 시작되고 집이 마구 흔들렸다. 어머니가 달려와 덜 위험한 아래층 할아버지 집으로 피하라고 했다. 공포가 온몸을 휘감았고, 미처 데려오지 못한 병아리가 걱정되기 시작했다. 첫번째 폭격의 기억은 불행히도 마지막이 아니었다.

살아오며 네번의 전쟁[2008, 2012, 2014, 2021년]을 겪은 나는 현재 스물일곱살의 난민이다. 세상에서 가장 큰 '지붕 없는 감옥'으로 불리는 가자에서 19년 동안 가혹한 봉쇄 속에서 살아왔다. 사람이 아니고 새가 되었으면

벽을 넘어 어떤 곳이든 여행할 수 있는
자유로운 새와 달리, 나는 장벽과 가시철조망에
둘러싸인 새장에 갇혀 있었다.

하고 바란 적이 있는가? 한국에 오기 전에 내가 그랬다. 벽을 넘어 어떤 곳이든 여행할 수 있는 자유로운 새와 달리, 나는 장벽과 가시철조망에 둘러싸인 새장에 갇혀 있었다.

가자를 벗어날 수 없는 나와 200만 주민들의 고통은 이스라엘 점령군이 이집트로 통하는 육로를 차단하고, 물건의 이동을 가로막으며, 유일한 공항을 파괴하고, 지상과 해상 봉쇄를 시작한 2006년 시작됐다. 가자지구는 기본적인 생필품마저 바닥난 거대한 감옥이 되었다. 16시간 넘게 전기가 차단되어 봉쇄가 시작된 직후엔 완전한 암흑 속에서 지내야 했다. 작은 손전등에 의지하다 배터리가 다 되면 촛불을 켜기도 했지만 그 때문에 가자의 다른 지역에서 화재가 발생하기도 했다. 아버지는 자동차 배터리로 등을 밝히는 것을 생각해냈다. 부엌 가스가 바닥나 나무나 종이로 불을 지펴 요리했고, 유일한 이동 수단인 자동차의 연료가 없어 주민들은 요리용 오일을 이용했다. 담수화를 위한 연료 부족으로 물을 얻기도 쉽지 않았다.

이것이 가자에서 매일 겪어야 했던 일이고, 나는 그 세세한 장면을 아직도 또렷이 기억한다. 나는 심각한 파괴와 참혹한 전쟁을 피해 안전하고 더 나은 삶을 찾으려 한국으로 왔다. 2022년 12월에 새로운 삶이 나를 맞이했다. 그리고 한국에 온 지 1년이 채 안 돼, 잔혹한 전쟁이 다시 가자에서 벌어졌다. 이 글을 쓰고 있는 순간에도 전쟁은 지속되고 있다. 대부분 여성과 아이들인 3만명에 가까운 팔레스타인인들이 이스라엘군에 의해 목숨을 잃었고, 6만명이 넘는 사람들이 부상을 당했으며, 70퍼센트가 넘는 주택과 시설이 파괴되었다.

할아버지, 삼촌, 외숙모, 사촌 그리고 많은 내 친구들이 죽임을 당한 이후, 나는 이 글을 쓰고 있다. 아버지 차에 떨어진 폭탄, 여동생 집을 파괴한 포탄에도 불구하고, 기적처럼 내 부모님과 형제자매들은 살아남았다. 전쟁은 이 순간에도 계속되고 있다. 수천명이 고향을 잃고 난민이 되어 극한의 추위에도 텐트에서 살고 있고, 먹을 것이 없어 나뭇잎과 동물 사료를 먹으며 하루하루를 견디고 있다. 나의 민족이 겪는 고통이 끝나기를, 전쟁이 종식되기를, 내 나라가 해방되어 모두가 평화와 안전 속에 살아가길 간절히 바란다.

번역: 유유리('한옥커즈' 공동대표)

> 다시 듣는 **노회찬의 목소리**
>
> 문제의식이 있는 사람이 평생을 투신해 바닥을 일구는 긴 노력을 해야겠다는 생각이 들었다.
> ―헤럴드경제, 2017.9.1.

나는 해녀우다

박영추
─────────
제주 해녀

나는 제주도 서귀포시 안덕면 화순리에서 나고 자랐수다. 태어난 해는 1941년이고. 물질은 조금 늦게 시작했수다. 열아홉살에. 보통 열다섯살 정도면 시작하는데 우리 집은 (바닷가에서 떨어진) 윗동네라 늦게 된 거우다.

그때는 지금같이 큰 거 아니고 조그만 물안경을 썼수다. 물안경을 쓰고 물 아래를 보면 물이 막 깊어 보이고, 손도 이만하게 크게 보이고 그랬주마씀. 적삼이랑 물소중이^{무명천으로 만든 물옷} 입고 처음으로 미역 따러 가니까 미역이 가득 깔려 있는데도 물속에 들어가지질 않는 겁니다. 그래도 막 억지로 들어가서 미역을 붙잡으려고 하면 물살에 이리 착 눕고 저리 착 누워 그게 잘 안 되는 거라. 어떻게 어떻게 확 잡았다 싶어 나와

보니까 미역 꼬랑댕이만 쪼꼼. 하하하. 그렇게 차차 배운 거우다.

첫날에는 아무것도 못 잡았는데 다른 해녀들이 망사리채취물을 넣어두는 그물주머니에 미역이랑 소라 몇개 넣어줬주게. 해녀들은 지금도 그래요. 만약에 깊은 데 못 들어가서 몇개 못 잡은 사람이 있으면, 깊은 데서 대여섯 개쯤 해가지고 올라와서 망사리에 넣어주고, 막 추운 날 해삼 잡으러 갔다가 하나도 못하고 오돌오돌 떠는 사람 있으면 하나쯤 놔주고, 경그렇게 헙니다.

7~8미터 이상 깊이 들어가는 해녀는 상군, 5미터쯤 들어가는 해녀는 중군, 얕은 데밖에 못 가는 해녀는 하군, 그렇게 됩니다만 상군이 하군을 돕는 겁주. 어릴 때는 다 하군, 한창때는 중군도 되고 상군도 되지만, 늙어지면 다시 하군이 될 거니, 서로 도와사주마씀. 그게 해녀우다.

또 해녀는 바다에 갈 때 혼자 가는 법이 어수다없습니다. 혼자 가면 안 됩니다. 잠수가 서툰 때는 물길을 잘 몰라서 물살에 휩쓸릴 수도 있고, 하나 더 하겠다고 욕심을 내다가 숨이 모자라 목숨을 잃는 경우도 있으니까, 위험할 때 도울 수 있도록 같이 어울려 가는 겁니다. 그래서 해녀는 이승과 저승을 오가는 사람이라고 허는 말도 있는 거주마씀. 해녀들한테 바다는 무서우

그래서 해녀는 이승과 저승을 오가는 사람이라고
허는 말도 있는 거주마씀.
해녀들한테 바다는 무서우면서도 고마운 곳입니다.

ⓒ필자 제공

면서도 고마운 곳입니다.

바닷속은 땅 위나 똑같수다. 농사지으면 땅 갈고 씨 심어서 싹이 나서 자라면 수확하고 그거지요. 바다도 철 따라 싹이 나고 자라고 수확하고. 옛날에 오염 안 됐을 때는 그랬지요. 몸모자반이 막 자라면 몇 미터씩 자라서 물속이 꽉 차주마씀찹니다. 땅 위에 수풀이 우거지는 거같이. 그 속이 왁왁해요깜깜해요. 그걸 헤치며 헤엄쳐가면 그 소곱속에 소라가 있수다. 그때는 몸도 막 돌마다 많이 나고, 톳톳도 많이 나고, 감태도 바닥이 안 보일 정도로 많이 깔렸고, 그거 먹고 소라도, 전복도, 문어도, 오분자기도 그렇게나 많아났수다많았었습니다. 그때는 바다가 그렇게 좋아서 물질로 밭도 사고, 집도 사고, 아기들 공부시키며 먹고살았수다. 밭에 갔다가 물에 갔다가 종일 일하느라 고달파도 막 힘이 나는 거지요.

경헌디그랬는데 지금은 아무것도 어수다. 한 15년 전부터 이렇게 된 거 닮마예같아요. 돌을 잡으면 돌이 바삭바삭 부서져. 바다가 얼마나 오염되었으면 경 되시코그렇게 되었을까. 돌이 단단하고 깨끗해야 미역도, 톳도 붙을 건데, 그게 붙어서 자라야 고기들 의지도 되고 소라도 자라고 그러는 거주게거지요. 풀이 못 자라니까 다른 거도 자랄 수 없어요. 물속이 사막이나 마찬가지라……

성게가 먹을 거 없으니까 막 댕기다가 그냥 죽어버려요. 바다가 이추룩^{이처럼} 됐는데도 사람들은 잘 모릅니다.

산에 소나무가 충이 들어 죽어가는 거 보니까 그거랑 같으구나, 그런 생각이 들어요. 자연이 죽으면 사람도 죽어. 살 수 없잖아요. 바다에 해초가 없으면 고기도 못 살듯이 산에도 마찬가지라. 자연이 없으면 사람도 없어. 작은 거부터 죽어가다 차차 큰 것들까지…… 앞으로 질병만 남지 뭐 남을 게 있을까. 우리는 다 살았지만, 낼모레 죽을 거지만, 앞으로 후손들이 이 오염을 다 겪을 거난 걱정입니다.

정리: 이혜영('세대를 잇는 기록' 대표)

다시 듣는 **노회찬의 목소리**

어머님은 끝내 '기쁘다'라는 말씀을 아낀다.
감옥에 들어갔을 때나 국회에 들어갔을 때나
걱정은 매한가지시다.
—「난중일기」, 2004.7.17.

교통 상황은 바뀌어도
내 삶은 제자리

한송이

교통방송 리포터

새벽 5시 30분 알람이 울린다. 씻고 주섬주섬 옷을 챙겨 입고 방송국으로 출근한다. 나는 지방의 한 교통방송 리포터다. 이른 아침 방송국으로 가는 나에게 택시기사님이 넌지시 묻는다. "방송국에서 근무하세요? 멋진 일 하시네요. 저도 애청자입니다." "네, 감사합니다." 답하며 웃어 보인다.

아침 7시 방송국 도착. 7시 15분 방송을 시작으로 15분, 30분, 45분. 매시간 15분 간격으로 교통정보와 기상정보를 전달한다. 낮 1시를 전후해 저녁 근무자와 교대하고 퇴근한다. 매달 새롭게 작성되는 근무표에 따라 휴무를 제외하고 한달에 20일을 출근해 꼬박 6시간가량을 근무한다. 휴무는 주말과 휴일 상관없이 근무표에 따른다. 주기적으로 바뀌는 방송국 지침도 늘

체크해야 한다. 이를테면, 업무 교대에 관한 지침과 기상정보에 추가할 내용, 방송 마무리 멘트 관련 지시사항 같은 것들이다.

이렇게 한달 일해서 손에 쥐는 급여는 130만원에서 150만원 사이. 최저임금 수준이다. 2013년 입사 때나 문화체육관광부가 특수고용노동자를 보호하겠다며 계약서를 쓰도록 한 2017년이나 그리고 2024년 지금이나 금액 수준은 큰 변함이 없다. 교통방송 리포터가 프리랜서이기 때문일 것이다.

그래서 이해할 수 없는 일들은 더 있다. 입사 뒤 얼마 지나지 않아 교통정보 방송 말고 다른 프로그램의 한 코너를 맡아 진행할 기회가 생겼다. 즐거운 마음으로 방송했지만 출연료는 없었다. 이유를 물어보니 어차피 근무시간 중 추가로 방송하는 것이니 별도 출연료가 지급되지 않는다고 했다. 그때는 회사에서 그렇다고 하니 그런 줄 알았다. 한번은 리포터 근무 기준과 방송 출연료 기준이 알고 싶어 요청했다. '등급별로 큰 차이가 없으니 궁금해할 필요가 없다'라는 답변이 돌아왔다. 이후 문체부가 마련한 계약서를 작성하게 되면서 추가로 방송할 경우 출연료를 따로 받게 되었지만, 교통 리포터가 프로그램에 출연하는 경우는 드물기에, 임금 총액에는 큰 차이가 없었다.

1년에 두차례 방송 개편을 앞두고 계약서를 작성한다. 그러나 임금협상은 없다. 방송 경력이 반영되지도 않는다. 방송 1개월차도, 20년차도 출연료는 동일하다. 열심히 해서 경력을 쌓아 더 나은 방송인이 되어도 처우가 더 나아지지 않는 현실은 2~3년차 리포터들의 퇴사율이 높은 이유이기도 하다.

교통방송 리포터 대다수는 여성이다. 그래서 결혼과 임신은 권고 퇴사의 이유가 되기도 한다. 10년 남짓 방송국에서 근무하는 동안 결혼 뒤 출산하고 방송국에 복귀한 리포터는 단 한명뿐이다. 당시 출산으로 인해 자리를 비우게 될 리포터의 업무를 다른 리포터 열명이 대신하겠다고 회사를 설득해, 겨우 퇴사 아닌 한달 출산휴가를 얻어낼 수 있었다. 이후로 그런 요청이 다시 받아들여지는 일은 없었고, 결혼하고 임신한 리포터는 퇴사 권고에 울면서 방송국을 떠났다. 그렇게 결혼과 임신 뒤 퇴사는 자연스러운 수순이 됐다.

방송국 정규직 직원들은 말한다. 잠깐 와서 방송하고 돈 벌 수 있어 좋겠다고. 하지만 아무리 경력이 쌓여도 동일한 출연료를 받고, 결혼하고 출산하면 퇴사 권유가 이어지고, 퇴직금도 정년 보장도 없는 하루살이 인생임을 안다면, 과연 그렇게 말할 수 있을까.

나는 내 일을 사랑한다. 실시간 교통정보 방송 덕

분에 지·정체 구간을 피해 목적지에 도착했다거나, 일하기 수월하다는 각종 업무 차량 기사님들의 피드백을 받을 때면 보람도 느끼고 기쁘다. 하지만 교통방송의 핵심업무인 교통정보 전달을 담당하는 리포터로서의 존중도, 최소한의 권리도, 정당한 대가도 없는 프리랜서로서의 만족은 또다른 문제다. 좋아하는 '일'과 '생계' 사이의 고민은 지금도 진행 중이다. 내가 아는 대부분의 리포터는 주말 아르바이트를 하거나, 자격증을 취득해 다른 일을 병행한다. 나 역시 그렇다. 그런 의미에서 프리랜서는 경계인이다. 본업과 부업의 경계, 소속과 독립의 경계, 자유와 계약의 경계를 넘나들며 일한다. 경계인으로서가 아닌 직업인으로서 인정받을 수 있다면, 나의 '직업'을 진정 사랑할 수 있지 않을까. 내가 나의 '일'은 사랑하지만, 나의 '직업'을 사랑하기는 어려운 이유다.

다시 듣는 **노회찬의 목소리**

> 이제 퇴장하십시오. 50년 동안 썩은 판을 이제 갈아야 합니다. 50년 동안 똑같은 판에다 삼겹살 구워 먹으면 고기가 시커메집니다. 판을 갈 때가 이제 왔습니다.
> ―KBS「심야토론」, 2004. 3. 20.

미얀마에서 온 증언자

미모뚜

미얀마 민족통합정부 한국대표부 노무관

제 이름은 미모뚜입니다. 저는 파주 샬롬의 집 이주노동자 센터에서 미얀마어 통역 상담원으로 일하고 있습니다. 그리고 미얀마 민족통합정부NUG, National Unity Government 한국대표부의 노무관으로 어려움에 부닥친 미얀마 사람들을 돕고 있습니다. 또한 파주 미얀마 공동체의 대표를 맡고 있습니다.

저는 만달레이대학교에서 경영학 학위를 받았습니다. 졸업 뒤 여행사에서 매니저로 일하다가 2009년 5월에 결혼해 한국에 왔습니다. 우리 부부에게는 초등학교 5학년 딸이 있습니다. 우리 가족은 한국에서 평화롭게 지냈습니다. 2021년 2월 미얀마에서 군사 쿠데타가 일어나기 전까지는요. 사실 이전까지 정치에 크게 관심을 두지 않았지만, 불의에 항거하기 위해 정치에 입문하게 됐습니다.

외할아버지는 제가 한살 때 돌아가셨고 1962년 버마 쿠데타 때 독재자에게 반기를 든 정치인으로만 알고 있습니다. 친할아버지는 1988년 8888항쟁 때 군부의 총격을 받은 사람들을 치료해준 혐의로 체포됐습니다. 그후로도 독재 정치에 저항했다는 이유로 여러번 투옥됐습니다.

2021년 군사 쿠데타가 일어나고, 제게 두 할아버지의 피가 흐른다는 사실과 1988년에 우리 가족이 겪었던 일들이 떠올랐습니다. 1988년 8월 9일, 우리 도시에서 총격이 시작됐을 때 아버지는 삼촌들과 함께 시위를 주도하고 있었습니다. 가족들이 집에 돌아오지 않아 애타게 기다리던 시절, 어떤 의사도 총상을 치료해주지 않자 할아버지를 찾아와 치료해달라던 사람들을 잊을 수 없습니다. 그들은 피 흘리며 비명을 질렀습니다. 할아버지는 총상을 입은 사람들을 치료했습니다.

다음 날 새벽 군인들이 우리 집에 찾아왔습니다. 할아버지와 아버지, 그리고 삼촌들은 뒷문으로 나가 도망쳤습니다. 이후 군인들은 밤마다 자정이 되면 남자들을 잡으러 우리 집에 왔습니다. 집에 남은 가족들은 불안한 마음으로 밤을 지새웠습니다. 어느 날 어머니가 아침 일찍 나를 깨웠습니다. 빨리 도망가라는 연

우리는 군사독재를 끝내야 한다는 각오로
혁명에 참여하고 있습니다.

락이 왔기 때문입니다. 그날 밤 총을 든 군인들이 군용 차량 세대로 우리 집을 둘러싸고 강제로 문을 열었다고 합니다. 그들은 우리 가족 모두, 심지어 아이들까지 살해하라는 명령을 받고 우리 집에 온 것입니다.

석달 동안 수배 생활을 하던 중 군부는 할아버지를 체포하지 않겠다며 단지 몇가지 물어볼 게 있다고 접촉해왔습니다. 여러번 약속을 받아냈지만, 약속은 지켜지지 않았습니다. 할아버지는 감옥에서 온갖 고문을 당했습니다. 저는 할아버지가 당신이 겪은 고문에 대해 이야기해준 것이 기억납니다.

우리는 군사독재를 끝내야 한다는 각오로 혁명에 참여하고 있습니다. 군부가 쿠데타를 강행한 뒤 미얀마 국민 대부분은 시민 불복종 운동을 펼치고 있습니다. 시민군과 군부 간의 내전이 심각한 상황입니다. 곳곳에서 전쟁이 벌어지고 있습니다.

쿠데타 이후 최소 4만 7천명 이상이 사망했다고 합니다. 독재자는 마을을 불태우고, 사람들을 체포하고 고문하며 살해하는 등 잔혹한 행위를 계속 자행하고 있습니다. 종교 시설과 교육 시설은 물론이고 병원까지 9만여채의 시설이 불타버렸습니다. 사가잉주, 마궤주, 만달레이주, 친주, 라카인주 등이 주요 피해 지역입니다.

올해만 약 150여명의 어린이가 살해당했으며, 어린이의 절반 이상이 교육을 받지 못하고 있습니다. 300만명 이상의 사람들이 고향을 떠났습니다. 군대의 공습으로 많은 사람들이 삶의 터전을 잃고 피난민이 됐습니다. 미얀마에서는 1300만명이 넘는 사람들이 식량 부족에 직면하고 있습니다. 그리고 군부는 강제로 젊은이들을 징병하고 있습니다. 매일 100여명에서 400여명의 젊은이가 강제 징병을 피해 타이 매솟으로 망명하는 것으로 알려졌습니다.

군부는 갈수록 쇠퇴하고 있습니다. 정의가 승리하고 미얀마 정치 상황이 안정될 것이라고 믿습니다. 우리는 미얀마 땅에서 폭정이 근절될 때까지 싸울 것입니다. 독재는 우리 세대가 끝내야 합니다.

다시 듣는 **노회찬의 목소리**

행복해지기를 두려워하지 마세요.
―KBS「심야토론」, 2004. 4. 3.

카우보이 모자를 쓰고, 오늘도 안녕!

이상인

학교보안관

2024년 나는 초등학교 학교보안관이다. 아침 7시 30분이면 보안관 복장에 멋진 카우보이모자를 쓰고 교문에서 교통정리를 하면서 학생들을 맞이하는 것으로 하루를 시작한다.

우리 학교는 아파트 단지에 둘러싸인 학교로 등교 시간은 오전 8시 50분까지지만 맞벌이 부부를 위한 돌봄 교실이 있어서 이른 시간부터 등교하는 학생들이 있다. 나머지 학생들은 대개 지척의 학교를 걸어서 8시 30분부터 50분 사이에 집중적으로 등교를 한다.

이때 나는 인사를 하느라 정신없이 바쁘다. "안녕", "안녕하세요", "OO 왔구나", 이름을 아는 아이는 가능하면 이름을 붙여서 인사를 하고, 모르는 아이도 아이가 인사를 하기 전에 내가 먼저 가볍게 고개를 숙이며 "안녕하세요"라고 소리 내어 인사를 한다.

아이들과 늘 밝게 인사를 하다보니 전직 경찰관인 내가 보안관이 된 뒤 달라진 게 있다. 얼굴에서 근엄한 표정이 사라지고 아이들처럼 아무런 경계심도 없이 활짝 웃는 모습으로 바뀌고 있다. 그리고 고개를 숙이며 인사를 하면 입에서도 인사말이 저절로 나온다. 그동안 고개만 끄덕하던 우리 아파트 경비아저씨에게도 큰 소리로 "안녕하세요" 하고 인사를 한다.

아침 등교 맞이가 끝난 9시부터는 차 한잔을 할 여유가 생긴다. 그러나 잠시도 방심은 금물이다. 차를 마시거나 전화 통화를 할 때도 눈은 연신 정문·후문·모니터 이 세 방향을 교차하며 주시해야 한다. 외부 방문자가 오면 방문록을 작성하고 방문증을 패용시켜 교내로 들여보내고, 학생들도 조퇴를 하면 담임이 작성한 조퇴증을 확인하고 내보낸다. 보안관의 확인 없이는 누구도 학교를 들어가거나 나갈 수 없다.

얼마 전에는 2교시가 막 시작된 10시쯤 4학년 한 학생이 보안관실 앞을 '쓱' 지나 정문 쪽으로 성큼성큼 가고 있었다. 그 학생은 발달장애가 있어서 특별히 잘 돌봐야 하는 친구다. 급히 뛰어가서 막무가내로 집에 가겠다는 아이를 달래놓고 담임선생님께 전화했더니 바로 뛰어 내려오셨다. 1교시 수학 시간에 산만하여 꾸지람을 좀 했더니 2교시 때 화장실을 가겠다 하고는 집으로 내뺀 모양이다. 도움이 필요한 아이가 혼자 집으로 간다며 거리를 헤맸다면 어떤 일이 생겼을까? 선생님도 나도 연신 가슴을 쓸어내렸다.

하교 시간이 되면 1학년부터 6학년까지 모든 학급이 교실 수업을 마치고 선생님을 따라 보안관실 앞 공터까지 온다. 이때부터 아이들은 운동장과 교문 주위를 자유롭게 움직이는데 보안관에게도 중요한 시간이다. 학교보안관의 임무 중 하나가 학교폭력 예방이기 때문이다. 매일 작성하는 학교보안관 근무일지에도 폭력예방, 상담활동 등의 관련 항목이 있다.

경찰에서 스쿨폴리스를 해본 내가 보기에 우리 학교는 아이들끼리 심한 폭력은 눈에 띄지 않지만, 장난이 심하여 친구에게 불편감을 주는 경우는 가끔 본다. 그래서 내 나름의 방식대로 예방책을 시행 중이다. 우선, 유난히 날뛰거나 장난이 심한 아이는 이름을 외운 뒤 눈에 뜨일 때마다 불러서 알은체를 한다. 그리고 또 하나는 경미할 때 미리 개입하기다.

6학년의 한 남학생이 여학생에게 몇번 권투 흉내를 내며 빈주먹을 날리거나 툭툭 치는 모습을 보고 "OO야, 상대가 싫다고 하면 폭력이 되는 거야"라고 하는 식이다. 녀석이 요즘은 내 눈치를 은근히 본다.

성공하고 있다는 징조다.

초등학교의 학교보안관 제도는 서울과 강원도만 있는 제도로 학교별로 두세명이 근무한다. 비슷한 제도로 중·고등학교의 배움터지킴이와 경찰의 아동안전지킴이가 있지만, 처우 면에서 4대 보험에 가입되고, 주 40시간 근무와 5년간 또는 70살까지의 근로가 보장되는 등으로 학교보안관이 좀 낫다. 특히 시니어 일자리 중에서 어린아이들과 대화하고 웃고 직접 도와줄 수도 있다는 점에서 그 보람은 말할 수 없이 크다.

당신은 1학년 꼬마들이 선생님을 따라서 병아리떼처럼 재잘대며 졸졸 줄지어 걸어가는 모습을 뒤에서 물끄러미 본 적이 있는가? 얼마나 정겨운지. 손자 손녀 같은 아이들이 운동장에서 소리 지르며 신나게 공을 차는 모습은 또 어떤가? 물이라도 갖다주고 싶지 않은가? 이 모든 것이 학교보안관이면 매일 볼 수 있는 모습이다.

다시 듣는 **노회찬의 목소리**

그걸 네 글자로 뭐라고 하는지 아세요? 민.중.의.적.
— 2017.12.6. 아동수당 지급이 자유한국당 반대로 미뤄진 것을 비판하며.

불 속으로 떠난 남편,
법 뒤로 숨은 회사

최현주
화재사고 노동자 유가족

2024년 6월 24일 오전 10시 31분, 경기도 화성 아리셀 공장 화재로 스물세사람의 생명이 하늘로 떠났다. 이주민이 열여덟명이었고, 한국인이 다섯명이었다. 그 다섯명 중에 나의 남편이 있다. 나의 사랑하는 남편, 아리셀 연구소장 김병철 씨가 세상을 떠났다. 참사가 일어난 날부터 나에게 지난 두달은 그야말로 지옥 같은 시간이었다. 남편의 죽음이 현실인지 꿈인지 구분조차 되지 않고, 나에게 닥친 일들을 어떻게 이해하고, 어떻게 처리해야 하는지 알 수가 없었다. 어쩌면 목숨보다 더 소중할 수 있는 인간에 대한 예의, 인간성을 헌신짝처럼 내던져버린 자본가의 잔인함을 나는 두 눈으로 봐야만 했다. 이것은 오랫동안 나를 힘들고 아프게 할 것 같다.

남편이 눈을 감고 나서 참사의 책임자인 박순관 아리셀 대표와 그 아들 박중언 본부장이 이렇게 달라질 줄 몰랐다. 회사는 남편에게 연구개발 담당자로 스카우트 제의를 했고, 남편은 1년 반을 고사한 끝에 입사를 결정했다. 사고가 나기 전까지 나는 남편과 아리셀의 관계가 단순히 경영자와 노동자 관계 이상이라고 생각했다. 생전의 남편도 그렇게 생각하고 있었다. 불이 나자 어떤 관리자보다 먼저 남편이 공장으로 뛰어들어 갔다. 그 누구도 들어가지 않은 처참한 현장에 뛰어들어 간 남편은 나오지 못했다. 작별 인사도 남기지 못했다.

남편의 사망 이후 회사의 태도는 전혀 달라졌다. 남편의 죽음을 애도하기 전에 우리나라 최고의 로펌을 선임해 살 궁리를 먼저 마련했다. 나에게는 변호사를 선임한 이후 연구소 부하 직원을 시켜 전화를 걸어왔다. 물론 함께 사망한 이주민 노동자들에게는 이마저도 없었으니 그나마 고맙다고 해야 하나.

참사의 책임자들은 일주일 동안 사과 한마디 하지 않았고 눈물 한방울 흘리지 않았다. 사고 직후 내가 아닌 기자들에게 사과했다. 사람이라면 기자가 아닌 가족들에게 무릎을 꿇고, 미안하다고 지켜주지 못해서 미안하다고 말해야 했다. 자기 잇속 계산하기 전에 함께 울어야 했다.

　남편과 함께 생을 달리한 이들은 이주노동자들이고 여성들이다. 아리셀 회사는 재빠르게 이주노동자의 가족들에게 연락을 돌려 합의하라고, 빨리 합의하면 조금이라도 웃돈을 얹어주겠다고 회유했다. 아리셀에서 일했던 노동자들이 이구동성으로 불법파견을 일관되게 증언하고 있는데도 가족들에게 어떠한 미안함도 책임감도 없었다.

　아리셀 회사 측은 '도급계약서'라고 쓰인 종이 한 장을 들고 '도급'이라고 주장했다. 아리셀 경영자들이 구속되기까지 꼬박 두달이 걸렸는데, 고용노동부는 사고 조사가 어떻게 되고 있는지 유가족들에게 설명하지도 않았다. 왜 내 가족이 죽어야 했는지 알고 싶다고, 수사를 똑바로 하라고, 수사 과정을 알려달라고, 회사 대표를 구속하라고, 유가족들은 거리를 돌고 기자회견을 하고 행진을 했다.

　지금 나는 아리셀이 생각하는 남편은 과연 어떤 사람이었을까 생각한다. 퇴근 뒤에도, 주말에도 회사 발전을 위해 헌신하고 후배들을 다독였던 남편을 회사는 '부품'쯤으로 생각했던 것일까? 내가 아리셀 유가족들과 함께 대책위원회에 참여하는 이유는 사람의 진심을 짓밟은 그들의 죗값을 묻기 위해서다.

누군가는 회사를 경영하는 사람이기 때문에 어쩔 수 없는 일이라고 한다. 나는 이해할 수 없다. 회사의 경영이 사람의 목숨보다, 인간이라면 갖춰야 할 최소한의 예의보다 우선이라는 말인가? 그렇다면 나는 나이 오십이 넘었지만 이 사회에 영원히 적응할 수 없을 것 같다. 무엇보다 아이들에게 사람이라면 이렇게 살아야 한다고 가르쳐줄 말이 없다.

아리셀 참사는 여전히 끝이 보이지 않고 있다. 나와 같이하는 아리셀 유가족들, 중국동포들을 대신해 이렇게 말한다. 그 누구라도 참사의 책임자 중 진심으로 미안하다는 말을 했더라면, 같이 살아남지 못해서 미안하다는 말을 했더라면 이렇게까지 아프진 않았을 것이다.

2024년 8월 23일에야 고용노동부와 경찰은 아리셀의 박순관 대표와 다른 세명에 대해 중대재해처벌법, 산업안전보건법, 파견법 위반 등 저마다의 혐의를 적용해 구속영장을 신청했고, 법원은 28일 박 대표 등 두명의 영장을 발부했다. 지난 두달 동안 얼마나 증거를 없앴는지, 조작했는지 알 수 없다.

> 다시 듣는 **노회찬의 목소리**
>
> 인류 역사는 회계장부가 아닙니다.
> ―「난중일기」, 2005. 3. 11.

구두로 딸을 키웠고
연대로 나를 키웠다

이창열

제화노동자 · 서울일반노조 제화지부 성수분회장

벌써 4년이나 됐다. 딸이 결혼하는데 새하얀 웨딩 슈즈를 만들었다. 나는 재단된 가죽을 재봉질하는 갑피 기술자라 다른 작업은 동료들이 했다. 딸이 좋아했다. 그렇다고 구두장이 하기를 잘했다는 생각은 안 든다. 봉제 일을 했으면 옷을 선물했을 거고, 보석 가게를 했으면 다이아를 줬겠지. 내가 만들 줄 아는 게 구두라 당연한 거였다.

부모님은 기술을 배우면 굶지는 않는다고 입버릇처럼 다그쳤다. 서울 정동에 살았는데, 동네 선배가 구두 일을 했다. 1980년대 초 10대 후반에 돈을 많이 벌 수 있다는 말에 시작했다. 처음에는 일이 무지 힘들었다. 일요일에도 출근하는 게 싫어 몇번 도망치기도 했다.

사우디 가겠다고 중장비 자격증을 땄는데 나이가

어리다고 못 갔다. 용접 자격증도 있는데 썩혔다. 서점 일도 했고, 막노동도 뛰었다. 엑스트라도 해봤다. MBC가 정동에 있던 시절, 6·25 특집극에 총살당한 시체나 기차역 앞에서 종일 군가 부르는 병사로 출연했다. 재미는 있었다. 여기저기서 이것저것 했어도 구두장이 선배가 불러 술 사주고 용돈 주면 그 맛에 빠져 또 돌아갔다. 결국 구두를 만들게 됐다.

'구두장이가 되자' 마음을 잡고 나서는 이왕이면 빨리 기술을 배우기로 작정했다. 어떤 기술자를 만나느냐에 따라 다르지만, 1년 6개월 만에 한 사람 몫을 하게 됐다. 처음에는 5천원짜리 공임이면 딱 그만큼 하는 중간 정도 기술로 시작했는데, 세월 낭비하지 않고 나만의 비법을 차곡차곡 쌓았다.

서울아시안게임이 열린 1986년, 그땐 일감이 넘쳐났다. 어지간한 월급쟁이의 두배는 벌었는데, 나중에야 깨달았다. 공장에서 가죽 깔고 자면서 하루 20시간씩 일한 근로시간을 따지지 않았다는 걸. 구두 일은 월급제가 아니고 개수임금제다. 만드는 만큼 돈을 받으니 고질적인 문제가 있다. '교장'이라고 불리는 관리자가 일감을 배분하는데, 말을 안 듣고 덤비면 일감을 적게 또 어려운 걸 준다. 이렇게 길들인다.

노동조합은 아니다 싶었다. 애들 엄마가 스티커

만드는 조그만 공장에 다녔다. 사장이 공장을 중국으로 옮기려고 30~40명을 자르려고 해서 노조에 가입해 싸웠다고 했다. 나한테는 철저히 숨겼다. 내 성향을 아니까. 집에서 전기장판, 이불을 들고 나가 안 가져오는 건 알았다. 나중에 금속노조에서 만든 투쟁 영상을 보니 애들 엄마가 나오는데, 세상에 그 사장 아들이 한 행동을 보니 돌아버리겠더라.

2018년부터 탠디 하청업체 제화노동자들이 공임 인상을 요구하면서 파업하고 본사를 점거해 농성했다. 이겼다. 구두 만드는 사람들이 아는 게 없으니까 도움을 받으려고 노조에 가입했다. 불이 붙었다. 거긴 사당동인데 노조가 성수동에 와서 홍보하고 그러길래 어영부영 가봤다. 얘기 들어보니 필요하다 싶었다. 2019년 반신반의하면서 노조 가입원서를 썼다.

노조가 생기자 사장이나 관리자들이 조심했다. 퇴직금 얘기도 나왔다. 이런 대접은 못 받아봤다. 나서면 된다는 성취감 같은 걸 느꼈다. 그때는 분위기에 휩쓸린 면도 있지만, 세상을 다 얻은 것 같았다. 그러면서 열성적으로 빠져들었다.

아파트 경비노동자나 학교 비정규직들이 집회하면 우리 제화지부에서 도와주러 달려갔다. 일이 안 끝나면 할 수 없지만 좀 빨리 끝낼 수 있으면 막 쫓아갔다. 우리가 힘들 땐 그들이 도와주러 달려온다. 남을 위한다는 거, 내가 이런 걸 언제 또 해보겠냐 싶어서 뿌듯했다.

한 40년 구두 만들면서 해보고 싶은 게 있었다. 백화점에 납품할 정도 수준의 구두를 값은 3분의 1만 받고 파는 거였다. 일하는 사람도 개수임금제가 아니라 월급쟁이로 하고. 협동조합식으로 공동투자하자며 동료들을 꽤 포섭했다. 하지만 끝내 성사되지는 못했다. 내 뒷심이 부족해서였다. 안타깝다.

그래도 소신껏 살아보니 좋다. 결혼하고 애들 태어나고 학교 보내고 돈 들어갈 때부터는 공장 돌아가는 게 마음에 안 들어도 내 일이 아니려니 했다. 그만두고 다른 공장으로 옮기면 됐다. 애들이 학교 졸업하고 직장 들어가고 나니 홀가분해졌던지, 세상이 다르게 보였다. 사장이 시키는 대로 따르는 게 원칙이라는 생각이 사라졌다. 잘못하고 있다 싶으면 나도 덤비고 싸운다. 후배들이 일할 환경을 선배들이 일찌감치 다 져놓지 못한 거, 이게 늘 마음에 걸린다.

다시 듣는 **노회찬의 목소리**

지금 우리나라 상인들은 동물보호법의 동물만큼도 보호받지 못하고 있어요.
―한국중소상상인자영업자총연합회 출범 축사, 2018.3.22.

상담실 밖에서
쓰는 편지

안주현

상담사

　선생님, 편지는 처음이네요. 창밖으로 굵은 비가 묵직하게 내리꽂히는 깊은 여름밤이에요. 상담은 다 끝났는데 쉽사리 자리에서 일어나지 않아 펜을 들어 봅니다. 이런 날이 가끔 있어요. 내담자의 이야기가 잘 소화되지 않는 날이요. 이런 날은 괜스레 딴청으로 마음의 무게를 덜어내는 시간이 필요하더라고요.

　빗소리를 듣고 있으니 문득 외롭다는 생각이 들어요. 상담실에서 내담자를 맞이하는 시간은 늘 설렙니다. 내담자에게 이 시간이 환대가 되기를 바라는 마음을 다하려 해요. 하지만 방음 처리가 된 사각형의 밀폐된 상담실에서 내담자와 단둘이 마주 앉아, 그분이 풀어놓는 고단한 삶의 이야기를 마주하는 순간들은 온전히 홀로 감당해야 하잖아요. 게다가 우리는 직업윤리

상 비밀보장의 의무가 있으니 어딘가에 마구 털어놓을 수도 없고요.

물론 제가 혼자가 아니라는 걸 알아요. 제게는 저를 가르쳐주신 많은 선생님과 제 상담자이신 당신과 함께 수련하고 있는 동료들이 있지요. 무엇보다 제게 마음을 내어주고 있는 내담자가 제 앞에 있고요. 하지만 가끔 제가 무대 위에서 듀엣 춤을 추고 있는 댄서처럼 느껴지곤 해요. 나를 응원하는 사람들은 무대 뒤에 있어요. 제겐 해내야 하는 저만의 몫이 있잖아요. 누구도 대신해줄 수 없는, 그 순간 제가 해내야만 하는 그런 역할이요.

중견 상담자인 저는 아직도 동료들끼리 모이면 어쩌다 이 길로 들어섰을까? 하고 이야기할 때가 있어요. 여기가 이런 곳인 줄 알았더라도 우리가 이 일을 시작했을까? 하는 질문도 하고요. 이 일의 가장 괴로운 점은 하면 할수록 더 어렵게 느껴진다는 거예요. 어떤 일들은 경력이 쌓이면 좀더 수월해지고, 능숙해지잖아요. 하지만 사람을 알아간다는 건 넓은 우주를 마주하는 일처럼 느껴져요. 선생님들께서는 말씀하시죠. 잘할 수 없는 일이니 잘하려고 하지 말아라…… 이런 선문답과 같은 말씀들이요.

그러니 우리는 계속 공부를 해야 하죠. 온갖 교육, 강의, 워크숍 등등. 실제 상담하는 시간뿐 아니라

가끔은 제가
무대 위에서 듀엣 춤을 추고 있는
댄서처럼 느껴지곤 해요.

ⓒ필자 제공

거의 그만한 공부와 수련을 위한 시간과 에너지, 그리고 돈을 쓰게 되지요.

돈 얘기가 나와서 말인데, 사실 초심 상담자들이 가장 크게 충격받는 부분이잖아요. 많은 상담자가 영리적인 목적만을 가지고 상담을 시작하지 않음에도 불구하고 열정페이를 당연하게 생각하는 태도로 좋은 상담자의 자질을 판가름하려고 할 때는 너무 당황스러워요. 내담자의 복지를 위해 애쓰는 것이 상담자 자신의 복지를 무시하고 희생해야 한다는 말은 아닐 텐데도요. 여전히 석사 이상의 학위를 가진 많은 상담자가 계약직의 지위에 연봉 3천만원의 수입이라도 보장되는 자리를 찾아 헤맨다는 건 서글픈 일이에요.

지금은 상담사라는 직업이 많이 알려져 있고, 많은 사람이 우리에 대해 좋은 인상을 갖고 있죠. 하지만 실상은 우리를 하나로 대표할 수 있는 국가 자격증도 아직 없어요. 법적 지위가 없으니 그에 따른 법적 의무나 권한도 한계도 없고, 우리 자신을 보호할 법적 근거도 부족하고요. 상담할 때 발생할 수 있는 비상 상황 대응 시스템을 갖춰보려고 해도 법적 근거가 없으니 지자체에서 거부하면 그만이고요.

내담자가 중요한 만큼 상담자인 저희도 중요하잖아요. 상담은 내담자의 복지와 안녕을 위한 일이기도 하지만 상담자에겐 생계를 이어나가게 해주는 밥줄이기도 해요. 안전한 근무 환경에서 안정되게 내 할 일을 이어갈 수 있고, 상담의 유일한 도구인 나를 더 좋은 상담사로 만들기 위해 필요한 교육을 돈이 없어 포기하는 일은 없었으면 좋겠어요.

그래도 저는 지금까지도 이 일을 하고 있고, 앞으로도 할 것이고, 다른 일보다 이 일이 더 좋아요. 사람을 알아가는 일, 존재와 존재로 내담자와 만나는 일. 가끔은 이 일이 운명처럼 느껴지기도 해요. 사람의 마음과 사람의 존재가 얼마나 아름다운지를 알았기 때문에 이제 돌이킬 수는 없겠다 싶어요.

선생님, 하소연 같은 제 이야기 들어주셔서 감사해요. 마음이 한결 가벼워졌어요. 비가 이렇게 쏟아지니 내일은 하늘이 아주 맑을 것 같아요. 이렇게 삶은 다채롭고 다층적이네요. 조만간 찾아뵐게요. 건강하세요.

다시 듣는 **노회찬의 목소리**

> 저는 좋은 선배한테도, 훌륭한 교수님한테도 배웠지만 직업학교 동료들에게서 배운 점이 그에 못지않다고 생각합니다. 배움이라는 것은 꼭 지식이나 권위, 지혜에 국한되지 않으니까요. 그들과 관계를 맺으며 웃고 우는 과정에서 많은 것을 배웠습니다. 그러니 누구보다도 훌륭한 스승님이죠.
>
> ―대학생언론협동조합 「YeSS」, 2012. 11. 16.

쇳밥 먹은 도시의
뒷모습

전희순
1인 소공장 운영

아침 출근길, 일터 앞 슈퍼마켓을 지나려는데 골목이 시끄럽습니다. 얼핏 보니 영화나 드라마 촬영 중인가봅니다. 몇년 전부터 문래동에서 가끔 마주치는 풍경입니다. 어떤 촬영을 하는지 호기심이 살짝 생기지만 출근이 늦은 관계로 궁금증을 뒤로하고 일터를 향해 걸음을 재촉합니다.

일터에 좀 늦게 도착했습니다. 지각입니다만, 늦었다고 눈치 주는 사람은 없네요. 혼자 일하는 사업장이라 그렇습니다. 문래동에 있는 공장 대부분은 1인 기업이거나 가족과 함께 일하는 소규모 사업장입니다. 열 평에서 스무평 정도 되는 오래된 주택에 금속가공을 하기 위해 필요한 기계와 장비를 들여놓고 일을 합니다.

아무리 작은 부품이라도 완성된 제품을 만들기 위

해서는 여러 단계의 공정을 거쳐야 합니다. 문래동은 각 공정을 전문적으로 처리하는 공장들이 촘촘하게 들어서 있습니다. 업체들끼리 잘 연결된 네트워크 덕분에 소재부터 최종 완성품에 이르는 과정이 원스톱으로 가능합니다. 경기가 한창 좋았을 때는 3천여개의 사업장이 문래동 일대에 있었습니다. 지금도 1230여개의 기계금속 관련 사업장이 문래동에 있다고 합니다.

기계 전원을 올리고 일을 하기 위한 준비를 합니다. 기계를 예열하는 동안 믹스커피를 마시면서 오늘 작업할 도면을 살펴봅니다. 도면의 형상을 머릿속으로 그려가면서 작업 방법과 가공 순서를 정합니다. 가공 공정마다 어떤 공구를 쓸지, 재료를 고정하기 위한 지그jig, 보조용 기구도 어떤 게 좋을지 정합니다. 마지막으로 도면을 한번 더 들여다봅니다. 도면의 지시 사항을 제대로 보지 않고 작업하다 낭패를 당한 경험 때문입니다. 평소 성격과 상관없이 일을 대할 때는 차분하고 꼼꼼해집니다. 그렇지 않으면 실수가 뒤따르니까요.

준비가 끝났으면 프로그램을 짜고 기계를 세팅합니다. 제가 다루는 기계는 NC공작기계입니다. 가공물과 공구를 세팅하고 프로그램을 입력하면 자동으로 가공해주는 기계입니다. 수동 공작기계에서 하기 어려운, 정밀하고 복잡한 형상을 가공할 수 있습니다.

철공 일을 한 지 30년이 되었지만 기계 앞에서는 늘 긴장합니다. 아무리 숙련되었더라도 자칫 실수하면 사고가 날 수 있으니까요. 혼자 일하는 중에 사고를 당하면 당장 주변의 도움을 받을 수 없으니 더 큰 일입니다.

이제 본격적인 작업을 시작합니다. 사실, 준비만 잘해놓으면 그다음은 어렵지 않습니다. 작업공정을 잘 관리하고 그것에 맞게 정해진 노동을 하면 됩니다.

오후에는 필요한 재료와 공구를 사기 위해 밖으로 나섰습니다. 거리를 지날 때마다 많이 변해버린 풍경과 마주칩니다. 골목마다 사람들이 넘쳐납니다. 공장이 있던 자리는 음식점과 카페, 술집들이 차지하고 있습니다. 방송과 온라인 매체를 통해 자주 소개되더니 어느새 서울의 핫플레이스가 되었네요. 오래되고 낡은 공장이 있는 거리가 사람들에게는 매력적으로 다가갔나봅니다. 우리의 뜻과 상관없는 이런 변화는 참 곤혹스럽습니다. 젠트리피케이션이 시작되었으니까요. 여기에 재개발 이슈까지 더해져 공장들이 빠른 속도로 밀려나는 중입니다.

예술인들이 문래동에 자리를 잡기 시작했을 때만 해도 이런 변화는 생각하지 못했습니다. 그때는 비록 불편하긴 했지만, 서로 공존할 수 있는 방법을 찾아 잘 지내고 있었거든요. 어차피 낮은 철공인, 밤은 예술인의 시간이었으니 부딪칠 일도 많지 않았습니다. 오히려 예술인들과 협업을 한다면 침체된 철공단지에 활기를 주지 않을까도 기대했습니다만, 현실의 시간은 우리를 기다려주지 않네요. 이 도시에서 작은 공장들은 더이상 설 자리가 없습니다. 문래동 공인들이 가진 기술적인 자산가치가 세월과 함께 없어질 것 같습니다.

문래동과 같은 처지에 있지만 전혀 다른 길을 가고 있는 일본 도쿄 오타구의 사례를 본 적이 있습니다. 문래동과 마찬가지로 1990년대 마을공장을 이전시키려 했지만 성공하지 못했고, 남은 공장들이 마을과 함께하는 길을 선택한 것입니다. 공장들은 지역사회와 환경 개선에 공헌하고 마을은 그런 공장들에 혜택을 주는 방식으로 상생하고 있다고 합니다. 작은 공장이 가진 가치를 인정받는 것이 마냥 부럽기만 합니다.

이제 퇴근입니다. 아침에 늦게 와놓고 일찍 가려니 너무 좋습니다. 골목 사이로 비치는 노을이 몽글하니 기분이 좋아집니다. 오래도록 느끼고 싶은 정든 퇴근길입니다.

> 다시 듣는 **노회찬의 목소리**
>
> 2호선을 탈 때마다 감회가 새로워요.
> 제가 용접한 철제 빔이 땅속에 있습니다.
>
> ─해럴드경제, 2017.9.1.

간첩에서 시민으로

이동석

재일동포

나는 1952년 일본에서 태어난 재일동포 2세다. 일본 고등학교 3학년이었던 18살에 조선 사람임을 자각하게 됐다. 하지만 어떻게 하면 조선 사람으로 살아갈 수 있는지 알 수 없었다. 많은 고민 끝에 재일동포 동급생과 일본학교 내에 '조선문화연구회'를 만들고 그때까지 썼던 일본 이름을 버리고 조선 사람으로 살기로 결심했다. 조선문화연구회에서 조선 고등학교 학생하고 교류하며 일본 고등학교에 다니는 동포 학생들의 모임에도 참가했다. 그 과정에서 조선 사람으로 살려면 우리말을 배워야 한다고 생각해 한국 유학을 결심했다. 1971년 처음으로 서울에 왔고, 1973년 한국외대 프랑스어과에 입학했다.

1975년 11월 보안사 요원이 하숙집에 와서 영장

없이 나를 연행했다. 40일간 보안사에 감금된 채 고문과 협박으로 자백을 강요당하고 나는 '간첩'이 됐다. 우리말과 우리 역사를 배우고 싶어서 가입했던 조선문화연구회에서 총련계 사람을 만나 이야기했다는 게 '간첩'이 된 주요 혐의였다. 재일동포 열일곱명이 구속된 이른바 '재일교포 학원침투 간첩단 사건'이다. 나는 5년형을 받아 대전교도소에서 옥살이를 하게 됐다. 그러한 나를 지원해주고 격려해준 건 일본 사람들이 조직한 '구원회'였다. 구원회 사람은 재판을 방청하고 격려하기 위해 서울에 몇번이나 왔고 대전에도 여러차례 면회를 왔다.

나는 구원회가 없었더라면 건강한 정신으로 못 있었을 것이다. 내가 석방되어 1981년 일본에 돌아온 후에도 전두환 독재정권하에서 재일동포 간첩 사건이 많이 일어났다. 구속된 재일동포의 가족을 만나서 격려하고 구원회와 함께 지원 운동을 했다. 내가 많은 사람의 지원을 받았으니 이번에는 내가 나서야 한다고 생각했다.

노동운동에 관심이 있던 나는 한국의 양심수가 거의 석방된 1990년대 후반에 고려노련^{재일고려노동자연맹}에 가입했다. 고려노련은 우리나라에 뿌리가 있는 재일동포라면 남북 관계없이 누구나 가입할 수 있는 노동조합이었다. 그 조합에서 재일동포에 대한 노동차별 개선, 한국 노동자 지원과 교류를 위해 활동했다. 비록 감시를 받긴 했지만 2000년대 들어 한국에 올 수 있게 됐고, 일본과 한국 노동자의 교류 과정에서 통역을 맡아 여러번 한국에 왔다.

2005년에 진실화해위진실·화해를 위한 과거사정리위원회가 생겼으나 일본에 사는 우리가 그 존재를 알게 된 건 한참 후였다. 국가권력으로부터 고문을 받고 교도소 생활을 오래 한 재일한국인 양심수는 국가기관인 진실화해위를 믿지 못했고 처음에는 진상규명 신청을 망설이는 분위기였다. 나도 그랬으나 진실화해위는 한국의 민주화투쟁의 성과라고 생각해서 2011년에 진상규명을 신청했다. 그 뒤 법원이 재심에서 '고문으로 강요한 자백은 증거능력이 없다'라고 판단해 2015년 무죄가 확정되었고 배상금도 받았다. 배상금은 국가 잘못을 인정하기는 하지만 돈을 줄 테니 더는 국가 책임을 묻지 말라는 것이다. 나는 앞으로 어떻게 살아갈지 결정해야 했다. 대학에 재입학하기로 했다. 2017년 한국외대에 들어가 나보다 젊은 교수님한테서 배우면서 2020년 2월에 졸업했다. 대학 생활 동안 좋은 한국 사람을 많이 알게 되어 졸업 후에도 한국에서 살고 싶어졌다. 4년이 지난 지금도 서울에서 살면서 재일한국인 양심수의

내가 많은 사람의 지원을 받았으니
이번에는 내가 나서야 한다고 생각했다.

재심을 지원하고, 한국 내 난민 문제나 외국인 노동자 문제, 베트남 민간인 학살 문제 등에 관심이 있어 모임이나 집회에 참가하고 있다.

한국은 일본 식민지하의 아픔을 경험했고, 해방 후 4·3사건으로 많은 난민이 생겨 일본으로 건너갔으며, 한국인도 노동자로 외국에 일하러 간 역사가 있다. 한국에 있는 외국인이나 난민을 대하는 한국정부나 국민의 태도를 보면 너무 안타깝다. 한국이 국가의 잘못을 인정해 수정하고, 외국인이나 사회적 약자에 대한 인권을 보장해야만 '위안부'나 '징용공'^{강제동원} 문제에 대한 일본의 사과를 당당하게 요구할 수 있다. 또 재일동포 차별을 없애라고 외칠 수 있다. 내가 이 문제에 관심을 가지고 연대 활동을 하는 이유는 잘못한 역사는 고쳐야 하고, 좋은 사회를 만들 책임이 한국인으로 사는 내게도 있다는 생각에서다. 나는 언제나 약자의 입장에 서서 노동자의 눈으로 세상을 보려고 노력하고 있다.

다시 듣는 **노회찬의 목소리**

제자가 많은 스승보다
스승이 많은 제자가 더 행복한 사람 아닐까.

―「난중일기」, 2010. 9. 30.

비요일, 해요일, 바람요일

이순이
양봉가

"꽃이 안 피었으니 할 일이 없겠네." "꿀 다 땄으니 요즘은 한가하겠네." 양봉을 하면서 자주 듣는 말이다. 참 모르시는 말씀.

양봉가는 5~6월 두달 동안 꿀을 뜨기 위해 열달은 꿀벌을 돌보며 바쁘게 일한다. 양봉을 하다보니 일곱 요일의 개념은 없어지고 해요일과 바람요일 그리고 비요일로만 구분한다. 공휴일도 주말도 없이 해가 떠 있는 동안은 바쁘게 일한다. 바람요일은 벌통들이나 자재들이 들썩거리고 날아가고 부서지니 봉장을 둘러보며 비상대기하는 날이고 비요일이 되어야 쉴 수 있다. 비요일에 바람이 불면 비 맞으며 사고 수습을 하는 최악의 날이 될 수도 있다. 물론 꿀벌들이 월동하는 동안에 농한기의 여유를 누리기는 한다. 하지만 월동기에도 아침이면 보온 덮개를 걷어 꿀벌 나들문을 개방해주고, 해가 지면 바닥까지 푹 뒤집어씌워야 한다. 월동기간에도 바람요일은 비상이다. 보온 덮개가 바람을 품고 들뜨면서 한이불 덮은 벌통들이 줄지어 넘어지는 경우도 있기 때문이다.

참외 하우스에 수정용 꿀벌을 납품하면서부터는 농한기도 한달 줄어들었다. 1월부터 꿀벌을 키우다보니 4월이면 꿀벌 군사 수가 넘쳐나면서 분봉 나갈 기미가 보이기 시작한다. 부랴부랴 2단, 3단으로 벌통을 올려 벌통 안의 공간을 넓혀 주고 일주일에 한번씩 내검_{내부관찰}을 한다. 남편과 나는 가장 먼저 먹이가 충분한지 확인하고, 여왕벌의 유무를 확인한다. "여왕벌 여기 있어"라는 말이 가장 반갑다. 벌통 안이 안정돼 있다는 뜻이고, 여왕벌을 잘 모셔두었으니 그녀가 다칠 걱정이 없다는 뜻이다.

가끔은 여왕벌이 벌집 판인 소비 사이에 끼여 죽기도 한다. 우리 부부는 두 손으로 책장을 펼쳐 잡듯 소비를 한장씩 들고 샅샅이 뒤져서 새 여왕벌을 준비한 왕대_{여왕벌이 될 알을 받아 벌이 될때까지 기르는 벌집}를 베어낸다. 여왕벌이 사라진 벌통엔 표시해두었다가 왕대를 꽂아준다. 비요일과 바람요일이 계속돼 내검을 못하는 경우에는 새 여왕벌이 태어나면 옛 여왕벌이 군사의 반을 이끌고 분봉을 나가버린다. 사고로 여왕벌이 사라진 벌통에는 일벌들이 무정란을 낳기 시작해서 소비가 수벌집으로 가득 찰 수도 있다. 그런 사고를 막기 위해 늦어도 열흘에 한번씩은 벌통 속을 들여다봐야 한다.

10년 넘게 그렇게 일하다보니 손가락 관절과 허리가 남아나지를 않는다. 남편은 꾸부정하게 걷기 시작했고 복대를 차고 일을 한다. 나는 아침이면 아픈 손가락을 주무르면서 봉장으로 나간다. 여왕을 찾거나 산란 여부를 확인하기 위해 소비를 들고 하도 들여다봐서 목 디스크도 걱정되는 상황이다.

아프거나 말거나 아까시꽃이 피는 5월이 되었다. 메뚜기도 한 철이라며 새벽 꿀 뜨기와 야간 이동 그리고 더 자주 내검을 하는 강행군을 감수하며 꿀 많이 뜨겠다는 의지를 불태우고 있다. 아까시꽃이 어디까지 올라오는지 확인하느라 전국 곳곳에 있는 양봉가들과 날마다 통화를 하고 SNS로도 확인한다. 아뿔싸! 전국에 하루이틀 차이로 거의 동시에 꽃이 피고 있다. 게다가 비, 비, 비…… 1차지인 경산에 아까시꽃이 버선발을 내밀고 있으니 어서 오라는데 비 소식이 있다. 비가 내리면 외역봉^{일벌}의 날개가 젖어 돌아오지 못하고 밖에서 죽을 수도 있어 이동을 포기했다. 2차지인 안동에 벌통 일부를 이동하려 하는데 3일 동안 비 소식이

양봉을 하다보니 일곱 요일의 개념은 없어지고
해요일과 바람요일 그리고 비요일로만 구분한다.

잡혀 있다. 봄벌 키우며 먹인 설탕꿀^{사양꿀}을 빼내는 정리 채밀을 다 해둔 터라 비가 3일 연속 내리면 꿀벌들이 굶을 수 있다. 빗줄기가 가늘 때 얼른 벌통 안에 비상식량을 넣어주고 비 맞으며 피어 있는 아까시꽃을 쳐다만 보고 있다. 저렇게 비를 맞고 있다가 갑자기 해가 뜨고 기온이 높아지면 그대로 말라버리는 수가 있으니 걱정이 태산이다. 아무래도 안동으로의 이동도 포기해야 할 듯하다.

비 때문에 1, 2차지에서 꿀을 뜨지 못했으니 3차지는 전국의 벌쟁이들로 득시글거릴 게 분명하다. 거리도 무시하고 벌통을 늘어놓을 테지, 곁눈질로 흘끔거리며 꿀을 얼마나 뜨는지 엿볼 테지. 60여통을 가지고 들어갔는데 상대가 200여통을 가지고 들어왔다면 얼른 벌을 빼는 게 상책이다. 대군 쪽으로 꿀벌들이 몰려가는 경우가 종종 있기 때문이다.

기후변화에 적응하랴 날씨 눈치 보랴, 그래도 이동할 채비를 해두고 긴장하고 있는데 무심한 비는 주책없이 주룩거린다.

다시 듣는 **노회찬의 목소리**

토지를 많이 소유하는 사람보다
박경리의 『토지』를 많이 읽는 사람이 더 부자입니다.

―KBS「TV, 책을 말하다」, 2008. 5. 19.

방탄조끼도 없이, 스탠바이!

지원준
독립PD

 나는 고소공포증이 상당히 심한 편이다. 그래서 생업과 관련이 없다면 절대 등산을 하지 않는다. 정상에 올라서 시원함이 아니라 공포감을 느낄 정도다. 지금은 사라진 'VJ 특공대'라는 방송을 맡고 있었던 2002년 겨울. 영종대교 관리자들을 촬영하러 다리 꼭대기까지 올라가는데, 여분의 추락방지 안전블록이 없어 맨몸으로 올라야 했다. 지금이야 안전장비 없이는 못 올라간다고 버티겠지만 20년 전에 그런 인식이 있었겠는가? 현수교 기둥 내부의 통로를 한참 타고 올라가 드디어 영종대교 꼭대기에 머리를 내밀게 됐는데, 바람이 얼마나 부는지 카메라를 들고 일어날 엄두조차 나지 않았다. 그때 드는 생각은 오로지 하나. '일어나면 날아간다.' 다행히 촬영은 무사히 마쳤지만, 그때 시작된 고소

공포증은 나아질 기미가 보이지 않는다.

'독립PD'가 뭐 하는 직업인데 저러나 궁금하실 테다. 방송계에서 일하는 프리랜서 연출자를 떠올리시면 쉽게 이해가 갈 것이다. 외주제작 현장에서 주로 일하지만, 방송사 내부에도 상당수의 독립PD들이 존재한다. 이 세상에 안 가는 곳이 없다보니 자연스레 위험한 곳도 다니게 되고 사건·사고의 위협에 노출될 수밖에 없다. 그런데 신분이 소위 프리랜서라, 그 위협에 대한 안전관리는 누구도 책임지지 않는다.

개인적으로 가장 어처구니없는 장면은, 동료 PD가 분쟁지역 촬영 중 전선을 향해 기동 중인 T-72 전차를 배경으로, 방탄모도 방탄조끼도 없이 스탠딩^{진행자나 리포터가 서서 방송하는 것}을 한 장면이다. 당시 그는 방송사 내부의 프리랜서였는데, 나중에 물어보니 방송사 관계자가 '알아서 하라'고 했단다. 분쟁지역뿐만 아니다. 2005년, 대지진을 촬영하기 위해 신문 기자들과 같이 파키스탄에 간 적이 있다. 현지 도착 다음 날, 아침에 일어나보니 10여명의 기자들이 다 사라지고 집 안에 나 혼자 있는 것이 아닌가? 이상한 마음에 나가보니 모두가 이불을 뒤집어쓰고 마당에 서 있었다. 한명이 다가와 신기한 듯 건네는 첫마디. "어떻게 안 깨고 계속 잘 수가 있죠?" 펜 기자였던 다른 취재진은 도착 당일 이동하는 버스 안에서 다 꿀잠을 잤지만, 나는 파괴된 도로 상황 등을 촬영하느라 한숨도 못 잤다. 피로에 곯아떨어져, 사람들이 자다 말고 도망 나갈 정도의 강력한 지진을 느끼지 못했던 것이다. 다행히 숙소로 사용한 집이 버텨주었기에 지금 이 글을 쓰고 있다.

그러나 행운이 언제나 미소 지을 리는 없고, 안타깝게도 재해와 마주친 동료들 역시 너무나 많다. 한 동료는 히말라야 촬영을 갔다가 조난을 당해 발가락을 절단해야만 했고, 또다른 동료는 고릴라에게 공격당해 오른팔을 절단할 뻔한 지경까지 갔었다. 이 둘은 어찌됐건 살아 돌아왔기에, 우여곡절 끝에 산재보상을 받을 수 있었다. 하지만 2017년 남아프리카공화국 촬영 중 불귀의 객이 되고 만 고(故) 박환성, 김광일 PD는 산재보상을 전혀 받지 못했다.

독립PD들은 왜 여태까지 산재 적용이 안 되고 있을까. 프리랜서라는 신분적 제약 때문이다. 그렇다면 해결 방법이 아예 없는 걸까? 해법은 의외로 간단하다. 수신료를 징수하는 KBS가 수신료를 이용해 사내 프리랜서들에게 예술인 산재보험을 들어주고, 외주 제작사에도 예술인 산재보험을 들어줄 수 있는 추가 비용을 보태주면 된다. 다큐멘터리의 경우라면 편당 20만원 정도의 돈으로 PD뿐 아니라 다른 스태프들의 산재보험 가입이 가능하다. 큰돈이 필요한 것도 아니고 현장에서 쉽게 보편화될 것이다.

하지만 이런 문제를 제기할 때마다, 한국방송은 '외주제작 인력 문제는 외주 제작사의 책임'이고, '내부의 프리랜서들은 업무를 위탁받아 독립적인 사업을 영위하는 자_{프리랜서의 법률적 정의}들이니 산재보험에 가입할 의무가 없다'고 대답해왔다. 예술인 산재보험 의무화 논의는 '암 덩어리 규제'라고 대답하니, 더이상 아무런 희망도 품지 않게 되었다. 그런데 나는 이런 대답을 들을 때마다 한가지 의문이 든다. 최소한의 사회적 책임마저 내팽개치는 집단이 과연 수신료를 징수할 자격이 있는 것일까?

지금도 어딘가에서는 동료 중 누군가가 똑같은 위험을 마주하고 있다. 분쟁이나 재난지역은 물론이고, 국내에서도 누군가는 밤샘 촬영을 하고 졸린 눈을 비벼가며 운전대를 잡고 있다. 예술인 산재보험도 없이.

다시 듣는 **노회찬의 목소리**

옆에서 굶고 있는데 암소 갈비 뜯어도 됩니까?
암소 갈비 뜯는 사람들 불고기 먹으라 이거예요.
그러면 옆에 있는 사람은 라면 먹을 수 있다는 겁니다.
― KBS「심야토론」, 2004. 4. 3.

'삼발이' 골목의 노동조합

이진훈

인쇄노동자 · 금속노조 서울지부 동부지회
인쇄업종분과 준비위원장

    2023년 11월 23일 서울 을지로에서 인쇄인 호프데이를 열기로 했다. 지난해에 이어 두번째다. 날짜가 다가올수록 불안감이 커졌다. 한해 조직농사 결산이다. 당일 몇시간 전, 모르는 번호로 전화가 걸려 왔다. '몇시부터 하느냐? 참가비는 없느냐?' 포스터를 보고 전화했단다.

    행사장은 명보극장 사거리 치킨집이었다. 을지로 인쇄인이라면 누구라도 쉽게 찾을 수 있는 장소였고, 금속노조 사업비로 치르는 행사라 따로 참가비는 받지 않았다. 모자라는 금액은 행사장에 후원함을 두어 충당할 거였다. "오늘 몇명이나 올까?" 인쇄밥 먹는 친구에게 물었다. "한 백명? 자리가 모자라면 어쩌냐?" 친구의 넉살에 웃음이 나왔다.

편집디자인 일을 했다. 20여년 전 스물여덟에 처음으로 직장생활을 했다. 작은 인쇄기획사였다. 을지로 인쇄골목은 무척이나 놀라웠다. 서울시 한복판에 삼발이세바퀴 오토바이가 돌아다니는 골목이 있을 거라고는 상상도 못했다. 인쇄소 옆 재단집, 그 옆 제본집, 그 반대편 톰슨특정한 모양으로 종이를 따내는 작업집, 또, 또…… 인쇄골목이 놀라움에서 친숙함으로 변할 즈음, 나는 몇군데 회사를 거쳐 2003년 가을 소위 '합판집'이라는 인쇄업체에 들어갔다. 그리고 내 평생 단 한번도 상상하지 못했던 투쟁이라는 것을 시작했다.

그 합판집은 직원 수가 60~70명 되는 꽤 큰 규모의 인쇄업체였다. 방문이나 인터넷으로 인쇄물을 주문받고 제작해 출고하는 회사였다. 합판집에서는 주문받은 여러 인쇄물을 하나의 인쇄판에 모아 찍는다. 주로 명함이나 전단을 인쇄한다. 전국에서 일감이 넘쳤고, 합판집들끼리 가격 경쟁이 점점 심해지는 시기였다.

합판집은 주문이 밀리면 작은 인쇄소에 맡겼다. 합판집이 을지로의 '갑'이었다. 우리는 노동조합을 만들었다. 사장 아들의 윽박이 두려웠고 "노예근성에 빠진 놈들"이라는 모욕을 더는 참을 수 없었기 때문이다. 우리의 요구는 간단했다. 사장 아들 김 과장의 퇴진이었다.

노동조합을 만들고 나서야 알았다. 직원 60명이 넘는 인쇄업체가 근로기준법을 제대로 지키지 않았다는 사실을. 연장수당, 노동시간, 유급휴일…… 뭐 하나 법대로 하는 게 없던 사장은 당연히 노동조합을 인정할 생각이 눈곱만치도 없었다. 2년에 걸친 '투쟁' 끝에 우리는 단체협약을 맺을 수 있었다. 그사이에 조합원은 일곱명으로 줄었다. 사장은 전문경영인을 고용한 뒤 차근차근 구조조정을 준비했다. 우리에게는 더는 싸울 힘이 없었다. 이제 그 합판집에 노동조합은 존재하지 않는다.

육신은 피곤하고 정신은 허탈했다. 다시는 인쇄일을 하고 싶지 않았다. 무작정 인쇄와 동떨어진 일을 했다. 하지만 노동조합이 을지로 인쇄바닥에도 뿌리내리고, 작은 사업장 노동자들도 당연한 권리를 누리는 것, 그 다짐을 부여잡고 나는 돌아왔다.

대형 인쇄업체와 달리 작은 인쇄업체는 사장이나 노동자나 처지가 별로 달라 보이지 않았다. 돈벌이나 노동시간에 그다지 차이가 없었다.

을지로 인쇄골목은 분업의 골목이다. 다양한 공정을 소규모 인쇄업체들이 하나씩 맡아 처리한다. 서로 다른 공정들을 이어주는 끈은 아까 말한 삼발이다. 따로 떨어져서는 아무것도 하지 못하는 게 인쇄골목

ⓒ필자 제공

서울 을지로에서 인쇄인 호프데이를 열기로 했다.
지난해에 이어 두번째다.
날짜가 다가올수록 불안감이 커졌다.

의 영세업체들이다. 골목 전체가 하나의 큰 공동체라는 점에서, 어쩌면 협업의 골목이기도 하다. 하지만 돕고 사는 공동체라 해도 권리를 보장하지는 않는다. 돈 앞에서는 이웃사촌 간에도 인정사정없는 게 우리 사회다. 재개발 이슈로 일터를 잃지 않을 권리, 일하면서 생활이 가능한 임금을 받을 권리, 노동법을 제대로 적용받을 권리를 중구와 서울시와 대한민국이 함께 돌봐야 하는데, 과연 자동으로 될까. 자고로 권리는 누릴 사람이 지켜내야 한다. 노동자가 목소리를 높여야 하고, 이를 대표해 누군가 전달하고 교섭해야 한다. 노동조합이 필요한 이유다.

"이야, 너 어떻게 한 거야?" 친구에게 감탄사를 날렸다. 그의 말대로 "한 백명"이 오지는 않았지만, 지난해보다 훨씬 많은 50명 넘는 인쇄인이 모였다. 가게에 앉을 자리가 모자랄 만큼 꽉 찼다. 이 친구는 20년 전 그날 힘을 합쳤던 동지다. 함께하고 힘이 되는 사람들이 곁에 있기에 할 수 있는 일들이다.

> 다시 듣는 **노회찬의 목소리**
>
> 3급수에다 2급수를 타면 그게 2급수가 됩니까. 조금 더 나은 3급수지. 국민들은 1급수를 원하고 있어요.
> —MBC「100분 토론」, 2004.1.15. 총선을 앞두고 기존 정치권을 비판하며.

눈 감고도
살아야 하니까

허상욱

시각장애인 안마사

나는 20년 경력의 시각장애인 안마사다. 아홉살에 홍역을, 열아홉살에 폐렴과 결핵을 앓았다. 심한 고열이 있었고, 연속해서 시력 저하가 왔다. 스물아홉살에 초자체 혼탁 제거 수술을 했고, 2회의 망막박리 수술을 받았다. 수차례의 레이저 시술을 거듭했으나 1999년 말, 최종적으로 실명 판정을 받았다.

눈이 보이지 않는 게 어떤 미래를 의미하는지 처음에는 온전히 자각하지 못했다. 약시 시절에는 불편하긴 했지만, 그럭저럭 비장애인들과 발맞추어 살아가고 있었기 때문이다. 20대 초반부터 다녔던 잼과 젤리를 만드는 식품회사에서는 저시력자임에도 불구하고 공장장이라는 직위까지 올랐으니 나름 불편함을 견딜 수 있었다. 그러나 시력이 전혀 없는 '전맹'이 되고 나서는 직업을 선택하는 것이 사치처럼 느껴졌다.

눈이 보이지 않더라도 할 수 있는 일을 찾아보았다. 성남에서 대학가 근처의 당구장을 하나 인수하여 운영했다. 서비스가 좋다는 소문 속에 하루 기십만원의 매출이 있을 정도로 장사가 잘되었다. 그러나 실제 내 손에 들어오는 돈은 턱없이 적었고, 매번 금전 출납에 펑크가 났다. 종업원들을 관리하는 데 있어서 시력의 부재는 큰 장벽이었다.

1년을 채우지 못하고 당구장을 매각했다. 검정고시를 치르고 점자를 배우고 보행을 배웠다. 컴퓨터 초·중급 과정을 연이어서 한입에 쓸어 넣듯 해치웠다. 그러는 도중 아들이 태어났고, 부랴부랴 2001년 대전맹학교에 입학하게 되었다. 안마사 자격증을 취득하기 위해서였다. 이 일 외에는 직업적 대안이 없다는 생각에 묵묵히 안마사 수료 과정을 감당했다. 실습할 때마다 온몸은 땀에 흠뻑 젖기 일쑤였다. 고된 실습 뒤 점심시간에 밥을 먹을 때면 손이 후들후들 떨려서 국물조차 떠먹을 힘이 없었다. 그렇게 3년의 실습 과정을 마치고 나니, 손에는 힘겹게 취득한 눈물의 자격증이 한장 들려 있었다.

겉으로 보기에 안마사는 허울이 좋다. 유니폼을 깔끔하게 차려입고 손님들의 아픈 곳을 해결해주니 거

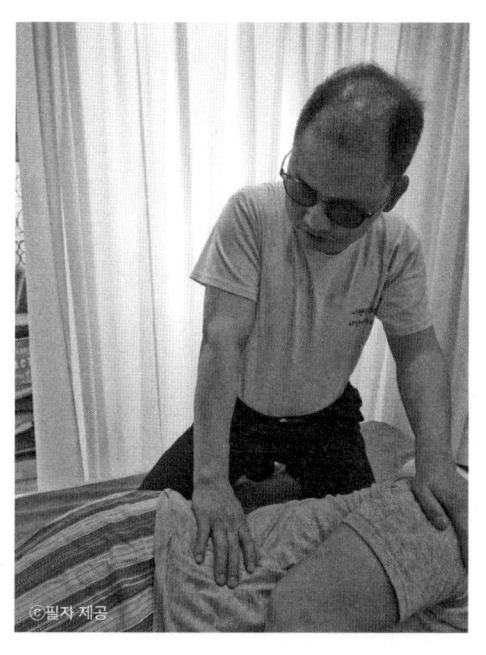

안마는 타인의 몸을 돌보는 일이지만,
내 몸은 등한시하는 육체노동이다.

반 의사라 여겨지기도 한다. 손님들도 선생님, 선생님 하고 불러주니 기분도 나쁘지 않다. 언젠가는 안마 덕분에 산삼을 먹고도 해결되지 않던 발바닥 냉통이 깔끔히 해결되었다는 말도 들었다. 누군가는 하루 일고여덟알의 두통약을 먹어야 하루 업무를 마칠 수 있었는데 이제 그 약을 먹지 않아도 된다는 말도 해주었다. 호전되고 있다는 크고 작은 반응들은 안마 일을 지속하게 하는 큰 힘이 된다.

안마는 타인의 몸을 돌보는 일이지만, 내 몸은 등한시하는 육체노동이다. 동료 안마사가 "아이고! 오늘 삭신이 쑤시는 걸 보니 손님 많이 들겠네" 말하는 날은 여지없이 손님이 많이 든다. 날씨가 우중충하고 습도가 높은 날은 손님의 몸뿐 아니라 안마사의 근골격계에도 여기저기 통증이 발생한다. 안마사의 급여는 시간을 얼마만큼 투여했느냐에 따라 달라지므로, 몸이 쓰러지게 힘든 날에도 웬만해선 안마 일을 쉴 수가 없다.

손님이 규칙적으로 드는 일이 아니기 때문이다. 손님이 없을 때는 하루 한건도 못하고 퇴근하는 날도 있다. 그러나 손님이 사정없이 밀어닥칠 때는 쉼 없이 하루 열여섯명의 손님을 받은 적도 있다. 언제 손님이 끊길지 모르는 형편에, 한시간 일하고 몇분 휴식시간을 갖는 노동 법규를 지키기는 쉽지 않다. 업주는 업주

대로 안마사는 안마사대로 불법을 저지르며 묵인하고 있는 셈이다. 이런 조건 속에서 안마사들의 평균 재직 기간은 채 1년이 되지 않는다.

요즘 달갑지 않은 소식들이 언론 매체를 타고 들려올 때가 있다. 각종 마사지 협회에서 시각장애인 안마사 제도가 헌법에 명시되어 있는 직업 평등권에 위헌의 여지가 있다고 수시로 대법원에 소송을 걸어오는 것이다. 직업 평등권보다 약자를 보호해야 하는 법이 상위법에 들어 있는 것을 무시한 터무니없는 소송이라 생각한다.

몇년 전엔가 대전 홍명상가 지하도 입구에서 구걸하는 시각장애인의 바구니를 행인이 걷어찬 사건을 전해 들은 적이 있었다. 나 같은 전맹들은 누군가의 도움 없이는 거리에서의 구걸조차 쉽지 않은 상황이다. 손님이 많으면 손가락이 아프고 손님이 없으면 배가 고플지라도, 안마사 일은 시각장애인이 일상에서 영위할 수 있는 거의 유일한 직업이다. 불가피한 선택이자, 꼭 필요한 생존 수단이다.

> 다시 듣는 **노회찬의 목소리**
>
> 우리나라랑 일본이랑 사이가 안 좋아도 외계인이 침공하면 힘을 합해야 하지 않겠습니까?
>
> —SBS「시사토론」, 2012. 4. 6.

2부

견디고 움직이다

재활용선별장에서는
인간도 선별된다

익명

재활용선별노동자

2008년 12월 말, 나는 이웃으로부터 폐기물처리장에 있는 재활용선별장에서 함께 일해보지 않겠냐는 제안을 받았다. 하루 여덟시간 주 6일 근무에 급여는 120만원. 2009년 1월 2일 첫 출근을 했다. 컨베이어 벨트로 지나가는 재활용 폐기물 가운데, 정해진 재활용품을 분류하는 작업이었다. 나는 캔을 선별해내는 일을 맡았다.

첫날 긴장한 채로 정신없이 일하다보니 점심시간이 되었다. 손을 씻어야 해 세면장이 어디에 있냐고 물었는데, 수도 시설이 없다고 했다. 화장실도 재래식 하나뿐이었다. 게다가 점심 식사 후에는 따로 앉아 쉴 곳이 없어서 하는 수 없이 내 차에서 점심시간을 보내야 했다. 난감했지만, 차츰 개선되겠지, 생각했다. 그땐 몰랐다. 이런 상황이 1년이 지나도 변함없으리라는 것을. 오후 1시, 다시 작업이 시작됐다. 그때부터 6시 퇴근까지는 잠시 쉴 틈도 없이 일해야 했다. 중간에 화장실 갈 시간조차 주어지지 않았다.

한자리에서 서서 쉴 틈 없이 일해야 하는 선별작업은 해보지 않은 사람은 모른다. 잠시만 한눈을 팔아도 선별할 물건을 놓친다. 온종일 신경을 곤두세워야 한다. 그것보다 더 힘든 건, 생각지도 못한 온갖 생활 쓰레기들을 직접 만져가며 일해야 한다는 것이다. 섞여 들어오는 각종 음식물 쓰레기에 반려동물 사체, 깨진 유리병, 심지어는 피 묻은 의료용 거즈나 주삿바늘까지 일일이 손으로 만져가며 일한다. 자주 다치고, 무릎이나 어깨 등 근골격계 질환 한두가지 생기는 것 또한 당연한 일이 됐다.

시간이 가고 일이 익숙해질 즈음 여름이 왔다. 상황은 더욱 나빠졌다. 벌레가 들끓기 시작하고 악취가 심해졌다. 그것도 익숙해지는 것 외에 별도리가 없었다. 여름이 끝나갈 무렵 선별작업 노동자 두명이 해고되었다. 한 사람은 재활용품을 집에 갖고 간다고, 또 한 사람은 유언비어를 유포해서라고 했다. 작업자들은 이제 해고의 두려움까지 생겼다.

그해 12월이 되자 재계약이라는 말이 나왔다. 그

동안 별 탈 없이 일해왔던 나는 당연히 재계약이 될 줄 알았다. 12월 31일 퇴근 시간이 되자 회사 대표가 말했다. 재계약 여부는 개인 휴대전화 문자로 알려줄 것이라고. 퇴근 후 '재계약 불가'라는 통보 문자를 받았다. 영문도 모르고 해고된 나는 도저히 참을 수 없었다.

2010년 1월 2일, 회사로 쫓아가 재계약이 안 된 이유를 물었고, 대표는 말할 수 없다고 했다. 그렇다면 나는 알고 있는 막연한 지식으로 회사 측이 사전 통보 없이 해고했으니 3개월치 급여를 내놓으라고 했다. 대표는 정당한 계약 해지여서 그럴 의무가 없다고 했다. 허탈하고 분한 마음에 시청과 고용노동청을 찾았지만, 돌아온 대답은 회사 측과 같았다. 정당한 계약 해지란다. 도대체 누구를 위한 법이고, 누구를 위한 고용노동청이란 말인가.

이러지도 저러지도 못하는 나를 보던 남편이 노동조합에 문의해보면 어떻겠냐고 했다. 노동조합에 가보니 나와 같은 사람들이 의외로 많았다. 당장 노동조합에 가입했고 함께 해고된 동료 네명과 함께 복직 투쟁을 했다. 그렇게 75일간의 투쟁 끝에 우리는 2010년 3월 25일 복직 통보를 받았다. 해고 뒤 약 3개월 만이었다. 복직하고 보니 많은 것이 달라져 있었다. 수도도 놓여 있고, 비록 비닐하우스지만 휴게실도 생겼다. 이후 여러명이 노조에 가입했고, 조합원이 늘면서 단체교섭도 시작했다. 휴식 시간과 휴가도 확보했다.

2015년 재활용 선별시설에 새 공장이 세워졌다. 자동화 시스템을 갖춘 곳이라고 했다. 자동화라고 해서 처음부터 끝까지 사람 손이 닿지 않을 순 없다. 이 시스템이 원활히 돌아가도록 선작업과 후작업은 사람이 해야 하기 때문이다. 그런데, 자동화라는 말이 그 노동의 가치를 깎아내려버렸고, 매번 바뀌는 새로운 업체들은 우리 임금을 깎지 못해서 안달이었다.

지금도 재활용선별장에서 일한다. 이 일을 시작한 지도 어언 15년이 지났다. 환경문제에 대한 인식도 높아졌다. 변하지 않은 건 재활용 선별작업 노동자에 대한 인식이다. 우리의 노동으로 선별된 재활용 쓰레기는 가치 있는 무언가로 다시 태어나지만, 우리의 노동은 여전히 매립장에 쓰레기들과 함께 매몰되고 있을 뿐이다.

다시 듣는 **노회찬의 목소리**

6411번 버스라고 있습니다. 이분들은 태어날 때부터 이름이 있었지만, 그 이름으로 불리지 않습니다. 그냥 아주머니입니다. 그냥 청소하는 미화원일 뿐입니다. 한달에 85만원 받는 이분들이야말로 투명인간입니다. 존재하되 그 존재를 우리가 느끼지 못하고 함께 살아가는 분들입니다.

—진보정의당 창당대회 대표 수락 연설, 2012.10.21.

빨고, 꿰매고, 건네며

이정숙

세탁소 운영

열일곱살부터 일을 시작했으니 벌써 50년이 되었네요. 충남 보령시 대천에서 6남매 중 첫째로 태어나, 이모가 계신 전북 군산에서 중학교에 다니기 위해 혼자서 고향을 떠났어요.

야간 중학교에 입학해 낮에는 양재학원에 다녔는데, 3개월쯤 뒤 이종사촌 오빠가 일류 재단사로 일하던 군산에서 가장 큰 의상실에 취직했어요. 미싱사 선생님 밑에서 단을 꿰매고 끝마무리하는 하급 일부터 시작해 주머니와 옷깃에 심(빳빳하게 만들기 위해 넣는 재료)을 붙이는 중급 일을 거쳐 모든 재료를 준비해서 미싱사를 돕는 상급 일까지, 4년 동안 일 배우고 중학교를 졸업했어요. 그 뒤 몸이 아파 일 그만두고 고향집에서 3개월 정도 요양하고 겨우 나았습니다.

배운 게 의상 일이라, 다시 이종사촌 오빠가 군산에 차린 의상실에서 일하며 재단까지 배웠어요. 장사가 되지 않아 의상실이 문을 닫게 되자, 고모가 계신 서울로 올라와 다닐 만한 양장점을 물색했어요. 처음 다닌 양장점은 일이 너무 많아 의자에서 엉덩이를 뗄 새도 없었어요. 다시 병이 생겨 잠시 쉬다가 다른 양장점을 다녔는데, 재단만 할 줄 아는 주인 밑에 일하는 사람은 나뿐이라 여기서도 거의 모든 일을 해야 했지요.

그렇게 여러 의상실을 전전하다가 서울 성북구 삼선동에서 의상실을 열게 됐습니다. 그때가 스물두세살 정도일 거예요. 10년 넘게 의상실을 하면서 고향 부모님께 돈도 보내드리고, 동생들도 서울로 데려와 학교에 다니게 하면서 바쁘게 살았습니다. 그러다 결혼하고 아이를 키우느라 의상실을 접었어요. 하지만 몇년 뒤 다시 일을 시작했지요. 아이들 학비와 학원비를 벌어야 했거든요. 그렇게 수선을 겸한 세탁소 일을 시작해 20년 넘게 하고 있네요.

요즘 같은 겨울에는 패딩과 코트, 양복이 가장 많이 들어옵니다. 먼저 오염이 된 부분을 전처리하죠. 오염물질에 따라 각기 다른 약품을 이용해서요. 그 뒤에 물빨래할 것은 고급 세제로 손빨래를, 드라이클리닝할 것은 클리닝용 기름을 써서 기계에 넣고 세탁해요.

와이셔츠와 바지는 4천원부터, 코트나 패딩, 이불은 1만 5천원부터 세탁비가 매겨져요.

성수기는 겨울옷을 정리하는 봄입니다. 비성수기에는 하루에 많아야 열벌 들어오던 게 이때는 스무벌 정도 들어옵니다. 보통 오전 10시 반 정도 출근해 저녁 8시까지 가게에 있어요. 이렇게 일해서 어느 정도 생활은 가능하지만, 돈을 모으는 건 불가능해요. 하루 벌어 하루 생활하는 거지요. 나가는 비용도 만만치 않아요. 월세로 전체 수입의 50퍼센트가 나가고, 각종 약품, 세제, 옷걸이, 비닐 커버와 같은 재료비가 10~20퍼센트예요.

한동네에서 20년 넘게 세탁소를 해왔으니 단골손님이 많지요. 하지만 주택재정비 공사로 이사한 사람이 많고, 코로나에 셀프빨래방까지 생기며 운영이 쉽지 않아요. 정장 대신 편한 옷을 입고 출근하는 이들이 많아져 세탁소에 옷 맡길 일은 더욱 줄어들었지요. 대신 맞벌이 가정은 시간이 없어 세탁소에 옷과 이불을 맡기는 경우는 많더군요.

옷을 맡기고 찾아가지 않은 손님이 제일 힘듭니다. 찾아가지 않은 옷으로 세탁소가 가득 차, 내가 움직일 수 있는 길만 겨우 남은 정도예요. 그런 분들은 유독 선금을 지불하지 않으려는 경향이 크고, 길에서

ⓒ필자 제공

하지만 몇 년 뒤 다시 일을 시작했지요.
아이들 학비와 학원비를 벌어야 했거든요.
그렇게 수선을 겸한 세탁소 일을 시작해
20년 넘게 하고 있네요.

만나면 찾으러 오겠다고 말해놓고도 안 오시는 경우도 많습니다. 길게는 7년 만에 찾아간 경우도 있어요. 예전에는 무조건 기다렸는데, 요즘은 도저히 버틸 수 없어 일부는 버리고 쓸 만한 것은 기부하기도 합니다.

그래도 돌이켜보면 좋은 일도 많았어요. 다른 세탁소에서 빼지 못한 청바지의 페인트 자국을 여러가지 방법을 써서 빼드렸더니 손님이 무척 기뻐하는데, 아주 뿌듯했어요. 다른 세탁소에선 제거하지 못한 흰옷 얼룩을 빼드렸더니, 고맙다며 수고비를 더 주고 가시는 분도 있었지요. 좋아하시는 손님을 보니 저도 너무 즐겁고 보람을 느꼈습니다. 그 손님은 나중에 따님도 저희 세탁소에 옷을 맡기게 하셨어요. 성심성의껏 일하면 알아주시는 손님이 있다는 것이 너무 고마웠습니다. 무슨 일을 하든지 최선을 다하면 인정을 받게 되는 것 같습니다.

정리: 강명효('6411의 목소리' 편집자문위원)

다시 듣는 노회찬의 목소리

잘못된 시대를 엎고 새로운 시대를 만들어나가는 것이지. 신석기 시대가 구석기 시대에 보복합니까? 시대가 바뀌었을 뿐이죠. 청소할 때는 청소를 해야지 청소하는 게 먼지에 대한 보복이다. 그렇게 이야기하면 됩니까?

―JTBC 「소셜라이브 인터뷰」, 2018.1.2.

오늘도 택배차는
과로를 싣고 달린다

이용덕

택배노동자

2022년 1월 4일 서울 강남구에서 30대 용차 기사가 미끄러지던 택배차를 멈추려다 택배차와 승용차 사이에 끼여 숨졌다. 아내와 뱃속 아기를 남겨두고 세상을 떠난 그를 기억한다. 2021년 가을 일하던 터미널에서 택배를 분류하고 차에 싣는 일을 하며 한달 동안 봤었기 때문이다. 곧 결혼할 예정이라는 말을 남기고 다른 지역으로 갔는데, 옮겨간 곳에서 화를 당했다. 차사고가 잦은 겨울철이면 나도 이런 일을 당하는 건 아닌지 두렵다.

용차는 택배기사가 다치거나 아플 때 빈자리를 긴급하게 메우는 택배차와 택배기사를 아우르는 말이다. 기사들이 용차를 구하는 일은 드물고, 주로 원청이나 영업소에서 용차를 구하곤 한다. 택배기사들은 아프거나 다쳐서 일을 못하면 배송하지 못한 만큼 수수료^{임금}를 못 받고, 용차 비용도 물어야 한다. 그러니 아주 큰 병 아니면 쉴 수가 없다. 한 동료는 지난해 11월 말 절임배추를 배송하다 넘어져 아킬레스건 손상 진단을 받았는데 깁스한 채 나와 일했다. 척추분리증이 악화돼 당장 수술을 받아야 하는데도 구부정한 자세로 계속 일하는 동료도 둘이나 있다.

분류인력 투입으로 노동강도가 낮아지긴 했다. 앞서 2021년 1월과 6월 택배기사 과로방지 대책 1·2차 합의 때 중요한 내용은 "택배 분류작업이 택배기사의 작업 범위가 아니며, 주당 최대 노동시간은 60시간 이내로 한다"였다. 내가 일하는 터미널에는 조합원이 없어서 그런지 2022년 5월께부터서야 분류인력이 본격적으로 투입됐는데 어쨌든 이를 계기로 '까대기'라 부르는 분류작업이 덜 힘들어졌다. 일부 기사들은 분류인력 투입으로 이직 빈도도 줄어들었다고 말한다.

하지만 가장 큰 문제인 노동시간 단축은 실마리가 보이지 않는다. 물량이 많은 화요일, 수요일 단체카톡방에서는 심야배송 제한시간을 해제해달라는 기사들의 글이 빗발친다. 2020년 택배기사 스물두명이 과로사로 숨지자 택배사들은 심야배송 시간을 오후 9시까지로 제한했다. 오후 9시 이후에는 배송완료 문자를 보낼 수 없게 되자, 8시 55분쯤 미리 배송 문자를 보내놓고 마저 배송을 마무리한다. 물건이 오지 않았는데 배송완료 문자를 받은 고객은 기사에게 항의 전화를 한다. 원청은 명절 연휴 같은 때엔 심야배송 제한시간을 한시간 늦춰주는데, 평상시에도 요구해야 하는 상황이다. 한시간이라도 배송시간을 더 확보해야 항의 전화를 덜 받기 때문이다. 원청은 "우린 오후 9시까지로 배송시간을 제한했는데 기사들이 스스로 더 하는 것 아니냐?"라고 한다. 억울할 뿐이다. 수수료 인상, 인력 충원, 노동조건 개선 같은 근본적인 대책은 세우지 않으면서 우리보고 어떻게 하라는 말인지.

택배사와 구역에 따라 차이가 있지만 택배 건당 수수료는 대부분 700~850원 사이이다. 서울지역에서 건당 900원 이상 받는 곳은 찾아보기 힘들다. 최근 1~2년 사이 모든 택배사가 택배비를 올렸지만 기사들에게 돌아오는 몫은 없다. 24년 동안 택배기사로 일해온 한 동료는 "처음 4년 동안 월급제로 일했고 그 뒤로 건당 1300원을 받았다. 계속 깎여 지금은 1천원도 안 되는데 물가 오른 거 생각해봐라. 아무리 물량이 많이 늘었다 해도 이건 아니다. 거기다 보험료, 대리점 소장에게 줘야 하는 수수료, 세금까지 생각하면 무조건 많이 싣고 오래 일해야 한다"라고 말한다.

당일배송 압박도 장시간 노동 이유 중 하나다. 원청은 매일 '전략 고객사 물품 당일배송 지표'나 '미배송 과다 보유 집배점 현황'을 공개하면서 기사들을 압박한다. 심지어 전략 고객사 물품을 당일배송 하지 않으면 건당 천원의 벌금을 물리겠다고 하거나, 기사들이 물건을 수거해 올 수 있는 거래처를 회수하겠다고 한다.

2020년 정부 조사 결과, 택배기사들의 1일 평균 노동시간은 12.1시간이었다. 최근 윤석열정부가 주 52시간에 맞추는 노동시간의 유연화를 얘기했다. 이미 주 70시간 이상 일하는 택배기사가 많은데 노동시간 단축도 아니고 유연화라니. 택배기사 과로방지 대책 2차 합의 때 주요 의제 중 하나는 '택배기사의 주 5일제 실시'였지만, 시범실시 소식도 들려오지 않는다. 우리 사회 주 5일제가 도입된 지 20년이 흘렀는데 택배기사들은 언제까지 이대로 살아야 하는가.

다시 듣는 **노회찬의 목소리**

더이상 대한민국이 강자만 살아남는 사회여선 안 됩니다.
―2013.1.7. 가맹사업 불공정 해결을 위한 간담회에서.

눈에 선하게,
마음에 닿게

홍미정

화면해설작가

얼마 전, 집안 경조사 때나 가끔 보는 이종사촌 동생을 만났다. 누나는 무슨 일을 하냐는 질문에 제대로 설명할까 대충 둘러댈까 잠시 망설였다.

"난 화면해설작가야. 텔레비전 드라마 볼 때 'A가 커피를 마신다' 이런 식으로 등장인물의 행동을 설명해주는 거 들어본 적 있어? 시각장애인은 대사만 들을 수 있고 동작은 볼 수가 없잖아. 화면에 나오는 장소나 등장인물의 동작 같은 걸 설명해 주는 게 화면해설이야."

"아, 맞아. 어쩌다 보면 그런 거 나오더라. 그거 어떻게 끄는 거야? 뭘 계속 떠들더라고."

동생의 말이 반은 농담이었지만 이런 반응을 보이는 이들이 많기에 서운하진 않았다. 그보다는 화면해설에 대해 열심히 설명했는데 고개를 끄덕거리며 듣고 있던 사람이 '화면 밑에 나오는 자막 같은 걸 쓰는 거야?' 할 때 허탈하다. 시각장애인이 어떻게 자막을 읽는단 말인가.

올해는 시각장애인을 위한 화면해설이 국내에 도입된 지 25주년이 되는 해다. 짧지 않은 역사라고 생각되지만 시각장애인 가족이나 지인이 없는 이들에게 화면해설은 미지의 영역이다. '화면해설'이란 시각장애인을 위해 영상 속 장면의 전환이나 등장인물의 표정, 몸짓 그리고 대사 없이 처리되는 상황을 말로 설명하는 것이다. 그리고 시각장애인의 눈이 되어 화면을 해설하는 원고를 쓰는 게 직업인 사람이 '화면해설작가'다. 우리의 글은 성우들의 목소리에 실려 시각장애인들에게 전달된다.

'눈에 보이는 대로 쓰는 게 뭐가 그렇게 어려워?' 하고 묻는 이들도 있다. 그러나 지금 당신 앞에 보이는 풍경을 말로 설명해보라고 하면 곧바로 이해할 것이다. 저 그림 같은 풍경을 뭐라고 설명해야 할지 눈으로 보면 단박에 이해할 수 있지만 말로 풀어서 설명하기에 난해한 상황은 부지기수다.

멜로드라마에서 남녀 주인공이 키스를 할 듯 말 듯 쳐다보기만 하며 3분 이상 시간을 끈다면 그 3분 동안의 상황을 계속 설명해야 한다. 자연 다큐멘터리에서 짙푸른 바다가 끝없이 펼쳐지는 장면이 거듭 반복된다 해도 매번 '짙푸른 바다가 펼쳐진다'라고 해설할 수는 없으니 여러 형용사를 동원해서 가능한 한 상세하게 해설 원고를 써야 한다.

별다른 상황 변화 없이 이어지는 화면을 해설하기도 어렵지만 반대로 짧은 시간에 많은 일이 벌어지는 상황도 난감하다. 화면해설은 원영상의 내레이션이나 등장인물의 대사를 침범하지 않는 것이 원칙이다.

예능 프로그램은 화면해설 하기 어려운 장르 중 하나다. 리얼 버라이어티 형식이 많다보니 대본이 따로 없어서 등장인물들의 말을 화면해설작가가 따로 기록해야 한다. 최근엔 음성을 텍스트로 변환해주는 프로그램 덕분에 시간을 덜게 됐지만 몇년 전까지만 해도 일일이 받아쓰기를 해야 했다. 출연자들이 특정 동작을 하면서 계속 말을 하고, 화면엔 자막이 뜨는데 갑자기 폭소가 터진다면 동작과 자막을 해설하는 동시에 왜 웃음이 터졌는지도 해설해야 한다. 그것도 예능 프로그램의 빠른 흐름을 끊지 않으면서 말이다. 비시각장애인 시청자는 화면을 보며 바로 웃었는데 시각장애인은 긴 해설을 듣고 20~30초 후에나 웃음을 터트렸다면 제대로 된 화면해설이라고 하기 어렵다. 그 상황에

화면해설에 대해 열심히 설명했는데
고개를 끄덕거리며 듣고 있던 사람이
'화면 밑에 나오는 자막 같은 걸 쓰는 거야?'
할 때 허탈하다.
시각장애인이 어떻게 자막을 읽는단 말인가.

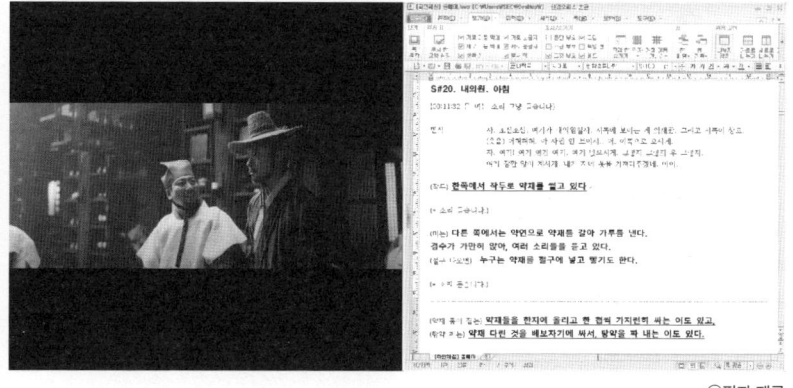

ⓒ필자 제공

딱 맞는 해설을 쓰기 위해 같은 화면을 몇번씩 돌려보다보면 단 5분짜리 영상의 화면해설원고를 쓰는 데 두세시간을 훌쩍 넘기기도 한다.

일에 애정이 있다보니 더 잘 쓰고 싶어서 스트레스를 받고, 그렇게 애쓰다가 건강이 상하기도 한다. 실제로 10년 이상 된 작가들은 너무 오랜 시간 컴퓨터 앞에 앉아 있다보니 대부분 목, 어깨, 허리 등에 한가지 이상씩 질환이 있다.

"화면해설이 없는 방송도 본 적이 있는데 화면해설을 듣고 나서 이렇게 재미있는 프로그램인지 새삼 알았습니다. 다음 회차를 기대하게 하는 해설이네요."

이런 시각장애인의 격려에 힘을 얻어 지금 이 장면에서 제일 중요한 정보가 어떤 것일지, 그것을 해설하는 데 가장 적절한 표현은 무엇일지 찾고, 쓰고, 고치고, 또 쓰는 지난한 작업으로 다시금 들어선다.

> **다시 듣는 노회찬의 목소리**
>
> 솔직히 말씀드려서 먼저 배운 사람으로서 힘들게 사는 사람들을 도와주러 간다는 심정으로 한 겁니다. 근데 하다가 그 생각이 없어졌어요. 이걸 하지 않았으면 몰랐을 여러가지 일들을 새롭게 알게 되면서 내가 구원을 받고 있다, 내가 사람 되는 것 같다는 느낌을 많이 받았어요. 그때가 가장 행복했던 시절이에요.
>
> ―KBS「냄비받침」, 2017.8.22.

사과하고
또 일하고

홍복근

아파트 경비노동자

 내가 경비 일을 기쁘고 즐겁게 하려면 어찌 됐든 민원이 발생할 만한 상황을 만들지 말아야 한다는 거예요. 예를 들어서 누가 엘리베이터 안에 오물이 있다며 빨리 치우라고 성화를 낸다고 쳐요. 그러면 사과부터 해요. "아이고, 미안합니다. 제가 빨리 대처를 못해 죄송합니다." 내가 24시간 1분 1초 간격으로 엘리베이터를 지키는 사람이 아니지만, 입주민의 다그침이 도리에 맞지 않는다고 따지게 되면 잡음이 생겨요.

 하기야 아무리 '평화롭게(?)' 넘기려 해도 도가 지나친 '갑질'도 있어요. 물론 이런 경우는 0.01퍼센트도 안 됩니다. 0.01퍼센트. 이런 사람들을 나는 속으로 '또라이'라고 여기는데, 내가 무슨 생활지도 교사도 아닌 터에 이런 경우는 상대하지 말아야 한다는 게 경비 일을 14년째 하는 내 노하우입니다.

경비 나오는 사람들이 나처럼 뭔가를 실패한 경우가 많아요. 젊어서는 큰 기업에서 중장비 정비를 하면서 외국 가서 일하고 그랬습니다. 그때 번 돈으로 아파트도 샀어요. 보험 영업도 좀 했고요. 그러다 부동산중개업 한다고 아파트 팔고 사무실 열어 촐싹대다 망했어요. 지금은 그 아파트 값 엄청나게 올랐대요. 딸 결혼하는 데 좀 보태주고 남은 게 뭐 있나요. 벌어야 사는 나 같은 생계형이 경비의 80퍼센트고, 나머지는 연금이 나와도 직업을 가져야 몸이 풀린다는 사람들입니다. 다들 한 자락씩 한 사람들이고, 똑똑하지 않은 게 아닙니다. 하지만 세상살이라는 게 말단으로, 밑으로 갈수록 힘이 없는 처지가 되잖아요.

함께 일하는 사람이 곧 잘리게 됐습니다. 3개월짜리 단기 계약이니까 "1주일 뒤에 계약이 끝납니다" 이러면 방법이 없는 겁니다. 이래서 일하는 사람들끼리 얼굴 붉히게 되는 상황도 일어납니다. 살아남기 위해서 아무것도 아닌 일로 동료를 갈구기도 합니다. 당하고 가만히 있을 수 있습니까. 관리소장에게 '갈굼을 당하면서도 나는 열심히 하고 있으며 무슨 일이라도 성심껏 하겠다'는 처절한 편지도 쓰고 그런다니까요. 이런 비슷한 상황은 나도 한두번 당한 적이 있어요.

한 10년 전에 민주노총에 있었다는 분이 전단지를 들고 내가 일하는 아파트로 찾아왔거든요. 경비들 권리를 찾자는 이야기에 동조해 나섰어요. 실태조사를 한다고 해서 경비들 설득하고, 모임 있으면 전화 돌려서 오라고 하고 그랬어요. 젊어서부터 남을 위해 좋은 일을 하고 싶다는 생각이 좀 있긴 있었어요. 그런데 이러다보니 나도 피해를 조금 봤어요. 그때 내가 들어가려던 아파트에서 노동조합 한다고 겁을 먹고 나를 안 받았어요.

사실 그런 모임을 해도 나한테 경제적으로는 도움되는 건 없잖아요. 하다못해 전화비도 들고. 그래도 한때는 한 서른명까지 모였습니다. 노동자센터에서 밥도 사고 지원을 좀 했어요. 요새는 지원을 안 하니까 열명도 모이기 어렵습니다. 얼마 전에 공제를 좀 하자고 제안했어요. 한달에 1만원씩 내면 추석 때 선물도 나오고 급하면 소액 대출도 되고. 자기가 다 찾아가는 것인데도 안 하려고 해요. 내일모레면 경비 그만둘 수 있다고 안 한다는데 어쩌겠습니까. 조금이라도 서로 도움이 됐으면 해서 조직하자는 것인데 안타깝습니다.

도움이라는 게 딴거 아닙니다. 우리 경비들이 초단기 계약이라 이직이 많은 직종이거든요. 직장 구할 때 소개해주고 그러면 좋잖아요. 나는 스무명 정도 알

선했어요. 그런데 뒷맛이 좋지 않을 때도 있어요. 모임에 나오라고 전화하면 잘 안 받고 협조를 좀 해주면 좋은데 인간관계가 참 그렇더라고요.

이전에 파견법이 없을 때는 한 아파트에서 오래 일을 했습니다. 몇년 전만 하더라도 3개월짜리 계약서는 없었습니다. 이거 때문에 조금만 마음에 안 들어도 자르고 동료들 간 사이도 갈수록 안 좋아집니다. 모임에 함께 힘을 모아주면 좋을 텐데, 그것도 잘 안 되고 그래요.

그래도 아침에 눈뜨면 좋습니다. 잠자고 일어나는 게 기적이잖아요. 아침 6시 출근해서 다음 날 아침 6시 퇴근하는 24시간 맞교대로 250만원을 손에 쥐지만, 돈이 돈을 버는 세상이지 일해서 돈 버는 세상은 아닙니다. 건강해서 일하니까 좋은 사람들 많이 만나잖아요. 입주민도 동료도 이렇게 만나는 것 자체가 즐겁고 기쁩니다. 잘 지내십시오.

구술 채록: 박미경(전태일재단 기획실장)

> **다시 듣는 노회찬의 목소리**
>
> 타임머신이 있다면, 안 탈 거예요. 돌이켜보면 후회가 되는 대목들도 있지만 부족한 것은 부족한 대로 놔두는 게 낫다고 생각합니다.
>
> —대학생언론협동조합 「YeSS」, 2012. 11. 16.

야근보다 힘든
질문들

박정민
IT개발자

나는 IT개발자다. 이 이름이 아직도 나는 너무 좋다.

2005년 7월, 대학을 졸업하기 전 만 스물한살 때 취업에 성공했다. 행운이라고 생각했다. 하지만 어린 나이에 시작한 사회생활은 만만치 않았다. '감히 너 따위 어린애가 뭘 안다고' 하는 시선 때문이다. 하지만 실제로 어렸고, 좋아하는 일을 업으로 삼을 수 있다는 것만으로도 그런 어려움쯤은 견딜 수 있었다. 일이 재밌었다.

그 시절 IT개발자는 야근은 필수요, 주말 출근은 필수 권장 덕목이었다. 그래서 한달에 하루이틀 빼고 내내, 또는 밤새워 일하기도 했지만 힘든 줄 몰랐다. IT개발자로서 뭔가 새로운 것을 만들어낸다는 뿌듯함과 선배들의 잘한다는 칭찬이 참 좋았기 때문이다. 필요하면 야근도, 선배들과 술 마시는 것도 마다치 않았다. 젊었고, 체력도 좋았고, 의지도 강했다. 힘든 것과 별개로 직업 만족도가 높았다.

그러던 게 결혼하면서 많은 것이 바뀌기 시작했다. 그전까지는 칭찬해주던 사람들이 결혼하고 나자 "그럼 언제까지 일해? 곧 관두겠네?"라고 했다. 나는 좋아하는 일을 그만둘 생각이 추호도 없었지만, 사람들은 계속 내가 곧 그만둘 거라고 생각하는 것 같았다. 그러다 임신까지 하게 되자 이제는 더 많은 사람이 더 자주 "언제까지 일해?"라고 물어왔다. 그럴수록 더 악착같이 일했다.

내가 자리를 오래 비우면 내 자리가 사라지는 건 아닐까, 하는 두려움에 만삭 때까지 일했다. 출산 2주 전에야 출산휴가에 들어갔다. 육아휴직을 쓰다가 출산 9개월 만에 복직 권유를 받았고, 아직 어린아이가 걱정됐지만 회사 권유에 두말 안 하고 복직했다. 복귀에는 다소 적응 과정이 필요했지만, 그마저도 즐거웠다. 여전히 개발자로서 인정받고 있는 듯했고, 내가 이 일을 정말 좋아하고 있다는 것도 새삼 느꼈다.

그러던 중 차세대 프로젝트에 참여하게 되었다. IT 업계에서 차세대 프로젝트는 힘들기로 손에 꼽히는 업무다. 나는 그 프로젝트에서 한 파트를 맡았는데, 주요 업무가 아닌 그나마 혼자 할 수 있는 상대적으로 쉬운 일이었다. 사람들은 육아하는 여성에 대한 배려라고 생각했겠지만, 나는 약간의 착잡함을 느꼈다.

그렇게 프로젝트를 마무리한 뒤 어느 날 사장님이 불러서 말했다. '다른 회사에 자리가 하나 났는데, 거기는 아이를 키우며 일하기에 더 수월할 거다. (워킹맘에 대한) 지원제도도 잘돼 있다니 면접을 한번 보는 게 어떻겠냐'는 얘기였다. 평소 직원 사정을 잘 살피는 사장님은 아이를 키우며 일하는 내가 걱정돼 더 나은 일자리를 추천해준 것일지도 모른다. 하지만 내게는 그 제안이 그저 불안하게만 다가왔다. 돌려 말하는 해고인 듯해서였다.

이러다 진짜 잘리는 건 아닌가, 싶어 사장님이 권고한 회사 말고도 몇몇 다른 회사에도 이력서를 넣었다. 그리고 그곳들에서 결혼 전에는 듣지 못했던 말을 들었다. "야근할 수 있어요?", "우린 애 엄마는 안 써요. 우리만 그런 게 아니라 다른 데도 그럴 거예요."

결국 나는 어디로도 이직하지 못했고 기존에 다니던 회사 사장님의 배려 아래 이직 권고는 없던 일로 마무리됐다. 이후 몇번의 프로젝트를 거치며 나는 프리랜서라는 신분으로 회사에서 일하게 됐다. 아이를 키우며 일해야 하는 나에게는 최선의 선택이었다.

더는 다른 곳으로 떠밀리듯 이직을 권유받지 않아도 되었고, 사실상 관두라는 말과 다름없는 먼 거리 파견을 가지 않아도 되었다. 정규직에게 주어지는 4대 보험 혜택은 받을 수 없게 됐지만, 이제 회사 소속 개발자가 아니라 업무 책임을 혼자 지는 일은 없게 되었다. 그저 어쩌다 들려오는 '이 사람 개발 잘해요'라는 사람들의 평가가 내가 한때 개발자였음을 상기시켜준다. 생각해보면, 결혼한 여자는 포기해야 할 것들이 참 많은 것 같다. 나는 결혼과 임신을 하면서 좋아하던 프로젝트를 수행할 수 없었고, 아이를 키우면서는 정규직을 포기해야 했다. 누군가는 승진을 포기하고, 누군가는 경력을 포기할 것이다. 그리고 나는 그 좋아하던 개발자의 마음을 포기했다.

다시 듣는 **노회찬의 목소리**

'남자가 최고의 스펙'인 대한민국의 많은 제도, 문화, 관습을 깨기 위해서라도, 차이를 차별로 만드는 야만에서 탈출하기 위해서라도 많은 남성이 이 책을 접해야 한다고 생각합니다.
—예스24 문학학교, 2017.8.29. 『82년생 김지영』을 권하며.

전화는 끊기지 않고
휴식은 오지 않는다

서강빈(가명)
연예인 매니저

"고생 많으셨어요." "매일 저희를 위해 고생해주셔서 감사해요." 연예인 매니저는 항상 인사를 받는다, 고생했다고. 이건 인사치레가 아니다. 사실이 그러하다. 매니저는 엔터테인먼트 업계에서 가장 노동강도가 높고 그 '고생'이 당연한 것으로 여겨지는 직종이다. 나는 그 '고생'스러운 연예인 매니저로 일하고 있다.

대학을 졸업하고 지인의 소개로 한 엔터테인먼트 회사에서 매니저 일을 시작하게 됐다. 처음에는 연예인도 보고 재미있겠다는 생각에 시작했고, '모든 일을 처리할 수 있는 인재'로 키워주겠다는 회사의 말을 믿고 매니저 업무를 시작했다. 그 '인재'라는 말의 의미를 깨닫기까지는 오래 걸리지 않았다. 일반적으로 매니저의 업무는 아티스트 관리와 스케줄 조율, 스케줄

동행 정도로 설명할 수 있는데, 이를 구체적으로 뜯어보면 업무 영역은 아주 광범위해진다. 이를테면 '아티스트 관리'라는 범주 내에는 이미지 관리, SNS 모니터링, 아티스트 요청 사항 취합 및 보고, 멘털 관리, 팬 관리 등이 포함되고, '스케줄 조율'에는 아티스트의 스케줄은 물론 회사 임원 스케줄과 신인 오디션 스케줄, 제작 스태프 스케줄을 취합해 조율해야 하기 때문이다. 자연스럽게 일과 휴식의 경계가 모호해지고 눈떠서 잠이 들 때까지의 시간이 업무의 연속이라고 해도 과언이 아니다.

많은 일을 아티스트의 스케줄에 맞춰 소화하다보면 업무 강도가 살인적이라 느껴질 때도 있다. 한번은 뮤직비디오 촬영을 위해 새벽 두세시에 일어나 출근을 한 적이 있다. 촬영은 다음 날 새벽 두세시까지 이어졌고 다음 날 스케줄을 위해 인근 숙소에서 세시간 정도 눈을 붙였다. 그리고 다시 방송국으로 가서 다음 스케줄을 진행했다. 그렇게 24시간 근무에 이어 다음 날까지 근무를 해야 했지만, 별도의 휴가 없이 다음 날 또 그다음 날에도 일해야 했다. 휴일도 없고, 주말도 없고, 주야간도 없으며 24시간 아무 때나 걸려오는 전화는 모두 받아야 하는 것이 매니저의 일이다.

매니저로 일한 지 1년도 채 되지 않아 친구들과의

관계는 끊어지다시피 했고, 오랜 기간 만나오던 애인과의 관계도 삐걱거리기 시작했다. 그보다 더 큰 문제는 불규칙한 수면 패턴과 불균형한 식사로 인한 건강과 체력 문제였다. 업무 특성상 밤낮없이 일정을 소화해내야 하고 식사 시간도 일정치 않아 소화기 계통에도 문제가 생기기 시작했다. 부족한 잠 때문에 졸음운전을 하다 사고로 이어질 뻔한 일도 잦아졌다. 다행히 사고는 피했지만, 일이 공포가 되는 순간이었다.

이렇게 매니저는 과중한 노동이 당연한 듯 여겨지는 직종임에도 급여 수준은 그렇게 높지 않다. 업계에 정해진 급여 기준이 없어 회사마다 차이는 있겠지만 대부분 최저임금 수준으로 책정되고, 시간외 근무수당이나 휴일 근무수당은 없다. 드물게 유류비나 식대마저 제대로 지원되지 않는 회사도 있는데, 그런 경우에는 일을 하면 할수록 급여가 마이너스가 되기도 한다. 또한 업계에 관행처럼 남아 있는 '열정 페이'와 저연차 매니저의 고생은 당연한 일로 여기는 '오래된 인식'은 부당함을 부당하다고 말할 수 없게 만든다.

최근 들어 엔터테인먼트 업계는 처우 개선을 위해 노력하고, 변화하고 있다고 이야기한다. 예전보다 분명 좋아진 부분도 있을 것이다. 가령 매니저와 아티스트의 일상을 다루는 한 TV프로그램을 통해 매니저라는 직업이 대중에게 알려지면서, 회사마다 중구난방이던 노동 환경과 구조가 일정 부분 평준화된 면도 있다. 하지만 그 또한 대형 매니지먼트 회사의 경우이고 그 밖엔 여전히 살인적인 업무 강도와 열악한 노동 환경에서 일하는 매니저들이 존재하는 것 또한 분명하다.

얼마 전부터 보직이 바뀌면서 그나마 처우와 근무 환경이 나아졌다. 나의 부서이동으로 자연스레 막내 매니저가 사라진 회사에서는 또다시 '열정적으로 일할 매니저'를 찾고 있다. 매니저라 쓰고 '고생'이라 말하는 그 자리에 또 누가 오게 될까. 누가 오더라도 소모품으로 소모되는 것이 아닌 한 인간으로서 존중받을 수 있기를 간절히 바란다.

다시 듣는 **노회찬의 목소리**

> 사회경제적으로 보면 대한민국은 민주공화국이 아닙니다. 대한민국의 모든 권력은 국민으로부터 나오고 있지 않습니다. 대한민국의 모든 권력은 지금 오직 갑으로부터만 나오고 있습니다. 그런 의미에서 이제까지의 대한민국은 민주공화국이 아니라 갑공화국입니다.
>
> ―여의도광장, 2013.6.9.

여권을
돌려주세요

이태현

조선노동자 · 금속노조 현대중공업지부 선전편집실장

우리나라 조선사들의 LNG^{액화천연가스} 운반선 건조 기술력은 워낙 뛰어나 전세계 발주량의 70퍼센트를 차지할 정도다. 환경 규제에 맞춰 친환경 연료 추진선으로 교체하는 추세인 데다, 러시아-우크라이나 전쟁으로 LNG 해상운송 수요가 늘면서 전세계 LNG 운반선 발주량이 크게 늘었다. '신조선 발주 붐'에 웃음꽃을 피울 것 같지만, 현장 상황은 그렇지 않다. 조선업종은 노동강도에 견줘 임금이 형편없이 낮기에 일감은 가득 찼지만 일할 사람이 없기 때문이다.

'물 들어와도 노 저을 사람이 없다'는 말이 나돌 정도가 되니, 조선소들은 타이, 중국, 우즈베키스탄, 베트남 등에서 E-7^{일반기능인력} 비자를 받은 이주노동자를 대거 받아들였다. 노동조합에서는 갑작스레 늘어난 이주노동자들과 어디서부터 어떻게 함께 활동해나갈지 당혹스러웠지만, 차츰 이주노동자 보호를 위한 활동을 늘려가고 있다.

지난해 10월 어느 저녁 퇴근 무렵 '사고가 났다'는 소식을 듣고 현장으로 달려가보니, 한번도 경험해보지 못한 상황이 펼쳐지고 있었다. 이주노동자가 자전거를 타고 퇴근하던 중 오토바이와 접촉사고가 났는데, 이주노동자는 한국말을 전혀 할 줄 몰랐다. 식은땀을 흘리며 겨우 사고 조사와 후속처리를 할 수 있었다. 말이 통하지 않는데 조선소라는 위험한 공간에서 어떻게 일을 하라는 것인가. 이런 비슷한 일이 몇차례 있고 나서야, 회사는 외국인지원센터를 신설하고 외국어대 졸업생을 인턴으로 채용해 통역 업무를 맡겼다. 이제 생산현장에서 교육 등 소통이 필요할 때면 지원센터에 요청해 통역사를 부른다.

지난 7월에는 타이 출신 한 이주노동자가 노동조합을 방문했다. 번역기를 써가며 그가 한 말은 "여권을 찾아달라"였다. 자초지종을 알아보니 현지 송출업체와 계약할 때 '고용주가 여권을 보관한다'라는 조항이 있었다. 이주노동자의 이탈을 막으려고 여권을 빼앗아 가는 것은 인권침해이자 출입국관리법 위반이다. 노동조합은 조합 소식지에 이를 알리면서 이주노동자 인권

침해를 멈추라고 이주노동자들의 법적 고용주인 하청업체 업주들에게 경고했다.

2023년 조선업에 취업한 이주노동자는 5470명으로 전년1017명보다 다섯배 이상 늘었다. 이들이 받는 월급은 300만원가량세금 공제 전이다. 전문기능을 가진 이주노동자에게 발급하는 E-7 비자는 임금 하한선이 있다. 1인당 국민총소득GNI의 80퍼센트월 280만원 아래로 급여를 줘서는 안 된다. 그런데 정부는 이 기준을 중소·중견기업에 한해 70퍼센트로 낮췄다. 2023년 최저시급9620원으로 월 소정근로시간209시간을 일하면 200만원 언저리인데, 별도 수당이 없는 이주노동자들은 초과근무 수당으로 100만원가량을 채운다.

금속노조가 실태조사에 나서 이주노동자 410명을 설문조사하고 22명을 심층 인터뷰했다. 타이에서 온 용접공에게 근무시간표를 적어달라고 하니, 평일 절반은 밤 10시까지 일하고 주말에도 오전 8시 출근해서 오후 5시까지 일하고 있었다. 주 77시간 노동에, 한달에 쉬는 날은 3~4일에 불과했다. 이렇게 번 돈으로 브로커에게 준 수수료 빚을 갚고 가족들에게 송금한다.

조선소 일거리는 내년이 더 많다. 근속기간이 길어지면 이주노동자들은 최저시급과 장시간 노동에서 벗어날 수 있을까. 활동가로서 부끄러운 얘기지만 현

ⓒ필자 제공

지난 7월에는 타이 출신 한 이주노동자가
노동조합을 방문했다.
번역기를 써가며 그가 한 말은
"여권을 찾아달라"였다.

장에서 단번에 해결할 수 있는 묘책은 없다. 1년 단위로 계약을 하는 이주노동자들은 불성실하거나, 노동조합 활동 움직임을 보이면 언제든 계약을 거절당할 수 있다. 부당한 현실을, 노동법 조항을 알아도 선뜻 나서지 못하는 이유다. 노동청에 법정 근로시간 초과 등을 신고해볼까. 하청업체 사장은 벌금을 내고서라도 이주노동자에게 일을 시키겠다고 한다. 원청으로부터 도급받은 물량을 제때 처리하지 못하면 벌금 납부보다 더 곤란한 일이 생긴단다.

금속노조와 조선업종노조연대는 이주노동자를 포함한 조선산업 종사자 차별 처우 금지, 표준계약서 사용 의무화 등 법과 제도를 통해 노동자를 보호하는 '조선산업 기본법' 도입을 준비하고 있다. 기업이 불법을 저지르고 정부가 눈감아주는 부조리한 현실을 어떻게 해서라도 바꿔야 하지 않겠는가.

다시 듣는 **노회찬의 목소리**

50년 동안 정치를 끌어온 분들, 지금 말이죠, 학교에서 학생들이 이 정도로 학생의 본분을 다하지 못하면 유기정학 내지 무기정학입니다.

—MBC「100분 토론」, 2004. 1. 15.

다시 꿰매는 삶

유미애
수선집 운영

올해로 수선집을 시작한 지 4년이다. 이젠 잘한다는 소문도 나고 자리가 잡혔다.

사실 내가 수선일을 하게 될 거라곤 생각하지 못했다. 손재주가 좋았던 나는 결혼 전부터 손으로 하는 건 뭐든지 금세 배웠고 그 시간이 행복했다. 하지만 결혼하고 살림하며 아이들 뒷바라지하느라 시간을 내기 어려웠다. 특히 일곱살부터 운동을 시작해 선수의 길을 걸은 작은아이 챙기느라 하루하루가 바빴다. 아이 뒷바라지가 끝나면 취미생활 겸 공방을 운영하면서 중년을 보내고 싶었다.

인생은 바람대로 흘러가지는 않았다. 작은아이가 고등학교 2학년 때 남편이 사업에 실패하고 파산했다. 아이들에게도 위기가 왔다. 특히 작은아이가 10년 동안 해온 운동을 그만두게 할 수는 없었다. 하지만 집안일만 해온 내가 할 수 있는 일은 많지 않았다. 고된 식당 알바를 하며 생활비와 작은아이 레슨비를 보탰다.

아이가 대학에 가면서 꿈꿔오던 공방 대신 돈벌이가 되는 수선일을 택했다. 아이와 함께 운동하던 누나의 어머니가 수선집을 운영했는데 일을 가르쳐달라는 부탁을 흔쾌히 수락해주셔서 주말마다 고양시에서 서울로 와 수선 기술을 배웠다. 그런 와중에 사장님 제안을 수락해 아예 수선집을 맡아 운영하기 시작했다.

실전은 쉽지 않았다. 예전 사장님 단골들을 다시 내 손님으로 만들려면 실력도 있고 친절해야 했다. 처음엔 전 사장님과 비교하시는 손님들이 많았다. 가장 기본적인 바지 기장 줄임부터 소매 기장 줄임, 품 줄임, 지퍼 교환, 누빔, 고무줄 교체, 허리 줄임과 늘림 등 다양하게 수선을 의뢰받는데 그때까지 배운 것으로는 부족했다. 해보지 않은 수선이 들어오면 유튜브에서 영상을 찾아보며 배웠다. 그렇게 세월이 쌓이며 안 될 것 같은 수선을 통해 옷이 바뀌는 게 신기했고, 좋아진 내 실력에 스스로 감탄하기도 했다. 수선을 더 잘하기 위해서는 옷 만드는 법을 알아야 할 것 같아 요즘은 옷 제도와 재봉을 공부하며 틈틈이 실제 옷도 제작한다.

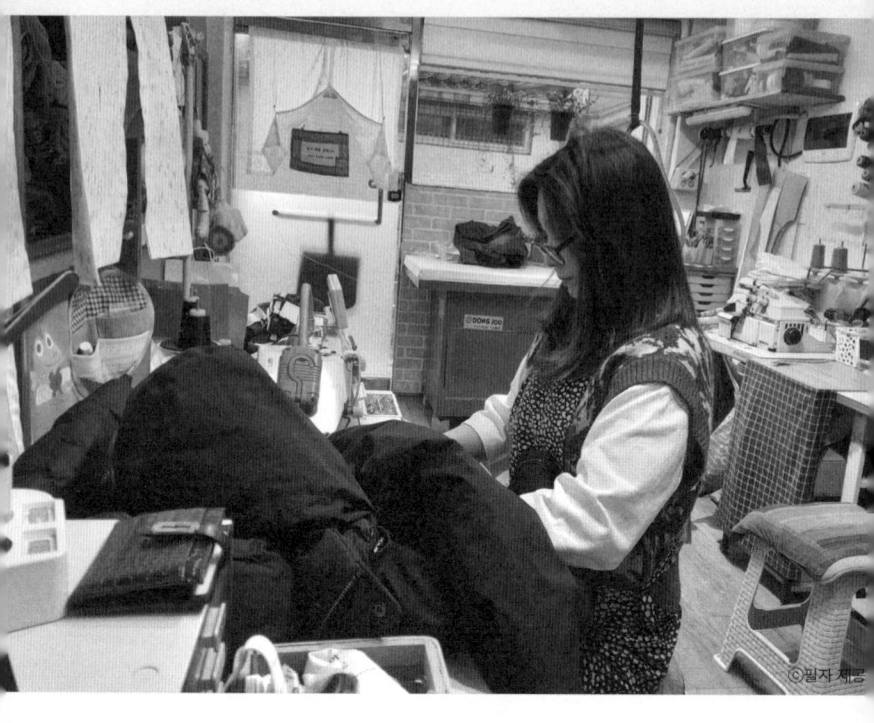

해보지 않은 수선이 들어오면
유튜브에서 영상을 찾아보며 배웠다.
그렇게 세월이 쌓이며 안 될 것 같은 수선을 통해
옷이 바뀌는 게 신기했고,
좋아진 내 실력에 스스로 감탄하기도 했다.

평일에는 오전 9시 30분부터 저녁 8시까지, 토요일은 오후 6시까지 일하고 일요일은 쉰다. 보통 하루에 20~30벌 정도 작업한다. 간절기에는 수선하는 양이 두배 정도 늘어 매일 밤 10시가 넘도록 일하고 휴일에도 일할 때가 많다.

처음엔 너무 오래 입어 해진 옷을 굳이 수선해 계속 입으려는 손님을 보면 이해하기 어려웠는데, 의외로 그런 분들이 많아 놀랐다. 더 신경 써서 오래도록 입을 수 있게 도와드리려 한다. 수선협회에서 정한 가격을 기준으로 수선비를 책정하고 어떤 수선이든 손님이 만족할 수 있도록 꼼꼼하게 하려 노력한다.

수선 실력만이 아니라 손님을 상대하는 일도 중요하다. 다양한 손님을 만나면서 배우기도 하지만 힘들 때도 잦다. 보통 바지 기장 수선에 4천원을 받는데 손님들 반응도 제각각이다. 만원 주고 산 바지인데 수선비 4천원은 너무 비싼 거 아니냐고 항의하던 손님이 기억난다. 원하는 대로 수선했는데도 트집 잡고 수선비도 내지 않고 가는 손님도 있었다. 한번은 자기 바지 대신 남의 비싼 바지를 가져간 손님이 있어, 옷이 없어진 다른 손님에게 바지값을 드리기도 했다. 다시는 그런 일이 없도록 수선표를 만들어 손님 이름과 전화번호를 기재해 손님들이 헷갈리지 않도록 했다.

고생했다고 커피나 과일 같은 간식을 주시는 손님도 있다. 몸에 딱 맞게 옷 입는 걸 좋아하시는 한 손님은 수선하러 자주 오시니 내가 그 손님 취향을 잘 알게 되고 그에 맞춰 수선해 드리면 항상 만족해하신다. 손님이 만족할 때면 나 역시도 수선집 하길 잘했다고 생각한다. 좋은 분들이 훨씬 많으니 일하면서 받는 스트레스도 잊게 된다.

남편도 다시 일을 시작하고 수선집 운영도 안정적이어서 아이들 뒷바라지나 생활에 어려움은 많이 줄었다. 나도 어느새 오십대 초반이지만 아직 젊으니 배울 게 더 많다고 생각한다. 가게에 오시는 손님이 만족해서 다시 오실 수 있도록, 발전하는 나를 만들기 위해 더 노력하고 싶다. 그리고 내가 어려울 때 다시 일어설 수 있게 힘을 주고 도와주신 분들께 고마움을 전하고 싶다. 내가 받은 도움을 다시 다른 사람에게 베풀 수 있는 사람이 되려 한다.

다시 듣는 **노회찬의 목소리**

우리의 영세중소상공인들, 자영업자들 살리기 위한 입법처리를 찬성합니까, 반대합니까? 을을 살리는 걸 반대합니까? 을사오적입니까? 을을 죽이는 5적에 들고 싶습니까?

—여의도광장, 2013.6.9.

내려가지 않겠다,
일터를 돌려달라

박정혜

공장노동자·금속노조 구미지부
한국옵티칼하이테크지회 수석부지회장

내 나이 스물일곱이던 2011년 2월 28일, 친구 추천으로 처음으로 공장에서 일하게 됐다. 일본 기업 '닛토덴코'의 100퍼센트 자회사로 LCD 핵심 부품인 편광판을 만드는 '한국옵티칼하이테크'라는 회사였다. 구미국가산업단지 안 공장에서 방진복, 방진화에 후드까지 쓰고 캄캄한 암막에서 형광등 하나에 의지해 얇은 필름을 검사해 불량을 찾는 검사원으로 근무했다.

아침 8시부터 저녁 8시까지, 점심과 휴게시간 제외하고 10시간씩 일했다. 시간당 900매를 못 채우면 쉬는 시간까지 쪼개 수량을 맞춰야 했다. 3조 2교대로 4일 일하고 2일 쉬어야 했지만, 바쁘다보니 대부분 5일 근무하고 하루 쉬는 구조였다. 팔다리, 어깨, 허리 안 아픈 곳이 없었고, 연차도 마음껏 쓸 수 없었다. 그래도 꼬박꼬박 나오는 월급을 모으는 재미가 있었다. 안정적인 삶을 원했던 내게 힘들지만 고마운 일이었다.

고객사 LG디스플레이 구조조정으로 우리 회사도 같이 힘들어졌다. 2019년과 2020년 두번 희망퇴직으로 500여명이었던 직원은 57명으로 줄었다. 그렇게 57명이 회사를 살려보겠다고 2년을 열심히 일했다. 회사는 흑자를 냈고 성과금까지 들어왔다. 2022년 회사는 희망퇴직했던 사원들까지 다시 불러들이며 백명이 넘는 사원을 채용했다. 희망퇴직했던 사람 중에는 다니던 직장을 그만두고 온 사람들도 있었다. 숙련된 사람들이니 회사는 빠르게 자리를 잡아갔다. 함께 힘을 모아 몇개월 만에 이뤄낸 일이었다.

그런데 2022년 10월 공장에 불이 나 공장동이 전소됐다. 기다려달라던 회사는 한달 만에 문자로 공장청산을 통보했다. 그 한달 동안 일본 본사는 또다른 100퍼센트 국내 자회사인 한국니토옵티칼^{평택}에서 대체 생산할 수 있도록 준비했고, 이후 신규 인력도 30명 채용했다. 두 회사^{사업장}는 납품처만 다를 뿐 동일한 설비, 원재료로 같은 제품을 생산한다.

달랑 문자 한통으로 청산을 통보하고 희망퇴직을 받는 태도에 너무 화가 났다. '불났으니까 위로금 줄게, 그냥 나가. 우리 지금 너희에게 최대한 인심 쓰는

거야. 이거라도 받고 떨어져.'

회사의 소모품 같은 대우에 투쟁이 시작됐다. 1년 넘게 투쟁하면서 많은 사실을 알았다. 한국옵티칼하이테크는 외국투자기업으로 2003년 구미국가산업단지에 입주하면서 토지 50년 무상임대와 법인세, 취득세 감면 등 온갖 혜택을 누렸고, 18년간 7조 7천억원의 매출을 올렸다. 이 가운데 원재료와 상품 매입비 등으로 6조원 넘게 본사로 흘러갔고, 이와 별도로 로열티와 배당으로 2천억원가량이 본사에 지급됐다. 그런 회사가 공장 철거를 방해한다면서 전셋집에 가압류를 걸고, 공장에 단전·단수를 자행하며 철거하겠다고 매일같이 찾아와서 위협한다.

고용에 관해 열어두고 대화로 해결하자고 수차례 요청했지만 회사는 일방적인 청산 통보 뒤 지금까지 모든 대화를 거부하고 있다. 이런 상황에 다른 곳 책임은 없을까. 구미시는 고공농성에 들어가자마자 공장 철거를 승인했고, 고용노동부는 교섭을 통해 사태 해결에 나서도록 하기는커녕 방관적인 태도만 보인다. 법원은 2023년 8월 회사가 제기한 가압류를 충분한 입증도 없이 곧바로 받아들였고, 공장철거방해금지 가처분 신청을 받아들여 노조 사무실 철거까지 허용했다. 회사는 화재보험금 1300억원까지 다 챙겨 도망치려 하

ⓒ필자 제공

달랑 문자 한통으로 청산을 통보하고
희망퇴직을 받는 태도에 너무 화가 났다.
'불났으니까 위로금 줄게,
그냥 나가.
우리 지금 너희에게 최대한 인심 쓰는 거야.
이거라도 받고 떨어져.'

는데 그 누구도 그들에게 책임을 묻지 않고 있다.

노동자는 권리도 없고 존중받을 가치도 없는 걸까? 1월 8일 소현숙 지회 조직2부장과 함께 공장 철거를 막기 위해 옥상에 올라왔다. 공장 재건, 고용승계 쟁취를 외쳤다. 재건이 어려우면 평택공장에서 고용을 승계하라는 게 우리의 요구다. 온몸으로 공장 철거를 거부하고 고용승계가 되는 날 내려가겠다고 다짐했다. 정부는 특혜만 누리다 도망치는 외투기업 먹튀 문제를 모르는 척하고 있다. 누군가는 반드시 외투기업의 노동자 고용 등의 책임 문제를 물어야 한다.

고공농성을 시작한 지 한달이 넘었다. 2월 16일 법원이 예고한 강제집행을 막기 위해 전국에서 1천여명의 노동자가 모였다. 우리의 목소리는 구미시를 넘어 전국에 퍼져나갔다. 강제집행은 막았지만, 그들은 또다시 올 것이다. 하지만 우리는 평범한 노동자의 삶으로 돌아가기 위해 공장을 지키고, 우리도 지킬 것이다

> 다시 듣는 **노회찬의 목소리**
>
> 대기업과 고소득자, 자산가들을 우선으로 하여 세금을 복지선진국 수준으로 전반적으로 확충함으로써 국민들의 사회적 임금을 늘려줄 때입니다. 이런 제도가 확충될 때 저임금 노동자는 물론, 영세 중소기업 및 자영업자 그리고 모든 국민이 기본적인 존엄을 유지하면서 생활할 수 있을 것입니다.
>
> ─노회찬 페이스북, 2017. 7. 17.

교통약자를 싣고
고통도 함께 싣는다

이재혁(가명)

교통약자 특별교통수단 운전원

나는 흔히 '장애인콜택시'라고 부르는, 교통약자 특별교통수단 운전원이다. 휠체어 탑승이 가능하도록 개조된 차량을 몰며, 몸이 불편한 노약자와 장애인 이용객의 이동을 돕는다. 교통약자 특별교통수단은 전국 시·군·구 모든 지역에서 365일 24시간 연중 휴일 없이 운영된다. 2022년 1월, 이 일을 시작했다. 그전까지는 마을버스 운전원으로 근무했다. 특별교통수단은 '운전'이라는 것을 빼면 마을버스와 많은 것이 달랐다. 우선 이용객이 있는 곳에서 가장 가깝고 안전한 장소에 정차한 뒤 승하차를 직접 도와야 한다. 휠체어 고정과 이용객의 안전벨트를 확인하고, "출발하겠습니다. 출발해도 괜찮을까요?" 다시 한번 확인한 뒤 출발한다. 동시에 미터기를 작동한다. 버스를 운행할 때는 해보지 않은 일이다.

이용객이 호출하는 위치는 천차만별이다. 골목골목 차량이 들어갈 수 없는 곳, 어느 시장 장날에 꽉 막힌 도로 복판에서 부르고, 애초 콜센터에 접수된 목적지와 다른 곳으로 가자고도 한다. 종종 주정차를 할 수 없는 교차로나 횡단보도 인근, 정체되고 있는 도로에서 호출하기도 하는데, 안전을 우선으로 해야 하는 운행 원칙상 운전원들은 곤란을 겪는다. 이용객들이 자주 방문하는 OO의원이 있다. 그 앞은 도로 사정이 좋지 않아 입구 가까운 곳은 늘 차량이 많고, 따라서 그곳에서 승하차를 하게 되면 사고 위험이 크고, 도로 지체·정체를 유발하게 돼 시민들에게 욕을 먹기 일쑤다. 지하주차장이 있긴 하지만 공간이 협소해 덩치가 큰 특별교통수단 차량은 돌아 나올 수가 없다. 그래서 조금 더 안전한 곳에서 승하차하겠다고 양해를 구하면 열이면 아홉이 이렇게 말한다. "당신만 이상하게 왜 그러냐. 다른 기사들은 다 해준다"라고. 얼마 전 신입 운전원이 그 건물 주차장에 들어갔다가 결국 접촉사고를 내 차량 수리비 일부를 부담해야 했다.

몸이 힘든 것은 그나마 낫다. 이 일을 하다보면 시작할 때 가졌던 '누군가에게 도움이 될 수 있다'는 보람이 하루하루 깎여나가게 된다. 이용객의 요구는 다양하다. 대형 자명종 시계를 싣고 가달라, 고구마·감자 박스를 실어달라, 장을 봤으니 장바구니를 좀 실어라, 가는 길에 친구를 태워서 가자, 은행에 들렀다 가자, 편의점에서 물 좀 사서 가자, 목적지가 지하에 있으니 좀 업어다달라 등등…… 어디까지 운전원이 해야 하는 서비스인 걸까. 비나 눈이 내리거나, 휠체어 탑승이 끝난 뒤에는 차량 내부를 바로바로 청소해야 하고, 물, 커피, 음료 등을 쏟거나 여기저기 쓰레기를 두고 내려도 싫은 내색을 하지 않아야 한다. 이렇게 하루하루 쌓인 감정들은 고스란히 운전원들의 정신건강에 영향을 끼친다. 근무한 지 1년이 넘어가면 많은 운전원이 감정노동으로 인한 우울증, 번아웃, 수면 장애 등을 겪는다. 나 또한 근무 3년차가 되면서 소화기 계통에 문제가 생기기 시작했다. 지난달 3년 근무 끝에 사직서를 제출한 동료를 만나서 퇴사 이유를 물었더니 그가 말했다. "나도 살아야지. 더는 참는 것이 힘들다."

특별교통수단 이용객은 해마다 는다. 운전원 한명이 감당해야 할 이용객 수도 점점 늘고 있다는 의미다. 그래서 상시로 주행 중에 배차가 이루어진다. '주행 중 배차'는 여러 문제를 야기한다. 우선 배차 알림이 내비게이션 화면을 정지시키기 때문에 운행 중에 기기 조작을 할 수밖에 없는데, 당연히 사고의 위험 요인이 된다. 또 운전원들에게는 업무 독촉과 다름없다. 배차 호출이 뜨면 이용객의 대기시간을 줄이기 위해 한시라도 더 빨리 고객 이동과 하차 지원을 하고, 차량을 이동해야 한다. 서두르다보면 휠체어 리프트에 손이 끼이거나 베여서 다치기도 하고, 겨울철에는 미끄러지기도 한다. 호출이 쏟아질 때면 중간 휴게시간 챙길 여유마저 없다. 혼잡한 도로 위에서 하는 일이라 화장실 이용도 쉽지 않을뿐더러 화장실 가느라 늦어지면 항의와 민원을 받을 가능성이 크다. 비뇨기계 질환도 직업병이 됐다.

교통약자의 이동권을 보장하기 위해 '교통약자의 이동편의 증진법'이 2005년 1월 27일 공포되고, 2006년 1월 28일부터 시행되었다고 한다. 이후 교통약자의 이동권 확대와 권리 증진을 위해 법안은 꾸준히 개정·시행되어 왔다. 그러는 동안 운전원 처우에 대해서는 한마디 말도 없다. 교통약자들을 위한 복지 혜택인 특별교통수단 운전원으로 일하면서 생각해본다. 나의 복지는 누가 책임지고 있나.

다시 듣는 **노회찬의 목소리**

날이 추우면 몸이 약한 사람들이 힘들어지듯이 경제가 어려워지면 가진 게 적은 사람부터 고통이 더 많아지기 마련입니다.

―노회찬·조국 북콘서트, 2012.1.10.

누군가의 밤을 치우며
살아가는 일

이형진

환경미화원

2014년, 경북 경주에 있는 한 주유소에서 아르바이트를 했다. 꽤 규모가 큰 주유소라 거래처가 많았고, 그중에 경주시 산하 용역업체인 쓰레기 수거 사업장도 있었다. 하루는 기름을 넣고 있는데, 기사 한분이 내게 달콤한(?) 제안을 했다. 옆에 타고만 있어도 200만원을 줄 테니 같이 일하자는 거다. 당시 최저시급은 5210원, 8시간 기준 일급은 4만 1680원, 월급은 209시간 기준 108만 8890원이었던 내게 200만원은 적지 않은 돈이었다. 일단 면접 날짜를 잡았다. 함께 일하는 동료에게 이야기하니, 돌아오는 대답은 몹시 부정적이었다.

"형님, 그 일, 사람 할 일이 못 됩니다. 허리도 아프고 냄새도 심하게 나고 위험하고 더러우니 절대 그 일 하지 마세요."

나보다 먼저 같은 제안을 받았고, 그 일을 하다가 단 며칠 만에 그만둔 친구였다. 나중에 알았는데, 쓰레기 수거업체의 기사들은 이 주유소에서 아르바이트하는 여러명에게 같은 제안을 했다고 한다. 이 친구가 적극적으로 말리니 오히려 더 흥미가 생겨 면접을 봤다.

그렇게 쓰레기차 뒤에 매달리는 미화원 생활을 시작했다. 일하는 첫날, 2리터짜리 플라스틱 통이 담긴 쓰레기 봉지를 수거했다. 어두운 새벽이라 내용물을 일일이 확인할 수 없었다. 쓰레기차의 회전판에 플라스틱 통이 걸려 터졌는데 머리부터 발끝까지 우유를 뒤집어썼다. 놀라고 화가 난 내게 함께 일하는 71살 기사 어르신이 수건을 건네주며 한 말씀 하셨다. "우리가 세상에서 제일 약자야. 이군 어쩔 수 없어! 앞으로 이런 일이 종종 있을 테지만, 경험이 쌓이면 그나마 나아질 거야." 수건으로 닦아도 상한 우유 비린내가 계속 올라와서 일하는 내내 힘든 하루였다.

일한 지 얼마 지나지 않아, 미화원 한분이 쓰레기를 수거하는 도중에 시민과 시비가 붙어 경찰서에 가서 조사를 받았다. 술에 취한 시민이 "쓰레기 치우는 주제에"라는 말을 했다고 한다. 나도 이렇게 무시당하거나 불쾌한 일을 겪을 때 상대에게 똑같이 욕을 해주고 싶지만, 민원인과는 절대로 다툼이나 싸움의 상황을 만들지 말라는 회사의 지시 사항이 있어서 꾹 참는다. 기사 어르신의 말처럼 우리가 세상에서 가장 약자이니 어쩔 수가 없다. 쓰레기 용역업체는 해당 구청이나 군청, 또는 시에서 용역을 받아서 하기에 가장 중요한 것이 민원인과의 관계다. 민원 점수가 좋지 않으면 다음 입찰에서 떨어질 수가 있다.

코로나 당시 식당에서 나오는 음식물 쓰레기를 수거했던 나는 원치 않은 혜택(?)을 입었다. 영업시간 단축으로 음식물 쓰레기양이 평소 절반도 나오지 않았던 것이다. 하지만 친분 있는 식당 사장님들이 어려운 시기를 보내고 있어서 마음이 편치 않았다. 반면 배달업을 주로 하는 가게는 매출이 많이 올랐는데, 그 때문에 늘어난 재활용품을 수거하는 미화원들은 더 힘이 들었다.

2024년 현재, 난 아직도 환경미화원으로 일하고 있다. 벌써 10년차 베테랑 미화원이 되었다. 이제는 식당에서 버린 쓰레기양과 상태만 보고도 그 지역 경기를 알 수 있다. 그동안 미화원의 3종 세트라는 종량제 쓰레기봉투 수거, 음식물 쓰레기 수거, 재활용품 수거를 두루두루 경험했다. 몇년 전 개인 사정으로 경주에서 울산으로 직장을 옮겼고, 월급도 올랐다. 요즘은 자정부터 아침 8시까지 주 5일 40시간 일한다. 10년 전과 비교해서 일터 상황이 크게 달라진 것은 없다. 쓰레기는 치워도 치워도 끝도 없이 매일 나온다. 치우는 사람을 배려하지 않고 버리는 날카로운 물건, 유리 조각, 분리배출이 엉망인 수많은 재활용품을 우리는 어쩔 수 없이 수거한다.

우리 일은 여전히 위험하고 힘들다. 작업하던 미화원이 음주운전 차량에 사고를 당해 죽었다는 뉴스가 잊을 만하면 나온다. 얼마 전에도 결혼을 앞둔 30대 미화원이 작업 중 음주운전 사고로 유명을 달리했다. 회사에서는 매달 안전교육을 하지만, 갑자기 달려오는 차에는 당해낼 수가 없다. 우리 회사 직원도 음주운전 차량이 뒤에서 달려와 부딪힌 일이 있는데, 다행히 큰 사고는 피했다. 개인적으로 달라진 것이 있다면 이제는 쓰레기 파편에 맞는 일이 거의 없다. 경주에서 함께 일했던 기사 어르신의 말처럼 일이 경험이 쌓이니 요령도 생기고 쓰레기 냄새가 역하게 느껴지지도 않는다. 하지만 매일 작업하기 전에 기도한다. 오늘 하루도 무사히, 안전히 일을 끝내고 집으로 돌아가기를.

> 다시 듣는 **노회찬의 목소리**
>
> '수십년간 땀 흘려서 농사를 지으면서 우리 사회에 기여한 점을 감안하여 감형한다'거나 '산업재해와 저임금에도 불구하고 이 나라 산업을 발전시키는 데 기여한 공로가 있는 노동자이므로 감형을 한다', 이런 예는 본 적이 없습니다.
>
> —국정감사, 2004.10.14.

서울을
떠날 결심

이다현

옥천군 마을공동체지원센터 팀장

"저 옥천으로 이주해요."

이 말을 하기까지 많은 시간이 걸렸다. 6년 전 서울에 직장을 잡을 때부터 지역살이를 생각했다. 평생을 대도시에서 살았으니 한적한 곳에서도 살아보겠다는 정도였다. 그러다 지역에서 이런저런 활력을 만들어가는 사람들 이야기를 들으며 설렜다. 그래, 지역소멸시대라는데 나 하나라도 지역으로 가자. 그렇게 나의 지역 이주 프로젝트에 시동이 걸렸다.

전국 모든 지역을 후보지로 놓고 물색을 시작했다. 기준은 내가 참여할 만한 청년정책이 있는지와 교통, 접근성, 환경 등이었다. 그렇게 여러 단계를 거쳐 충북 옥천을 최종 점찍었다. 너무 크지도 작지도 않았고, 오래 살았던 대전과 가까워 안정감이 있었다. 게다가 시민사회 활동이 활발한 곳이라니 나 같은 초짜 외지인도 슬쩍 끼어 살 수 있지 않을까 싶기도 했다.

　가장 큰 문제는 일자리였다. 아는 사람도 없는데 일자리는 있어야 하지 않을까. 채용공고를 뒤지다 곧 좌절했다. 내가 해왔던 일과 너무 달랐기 때문이다. 사회복지, 기술, 운전, 제조업 쪽으로 최저임금 수준의 단기계약직이 대부분이었다. 요즘 여성들도 굴삭기나 지게차 자격증 딴다는데 지금이라도 도전해볼까, 진지하게 고민했다. 기술 배워야 먹고산다던 어른들 말씀이 갑자기 사무쳤다.

　약 석달을 그렇게 지내고 현재 나의 직장을 발견했다. 마을공동체지원센터라고, 행정이 지원하는 공동체 사업에 주민이 참여하도록 돕는 중간지원조직이다. 마을공동체는 개인적으로 관심 있는 주제이고, 주민 활동을 지원하면서 지역을 두루 살피는 데도 도움 될 것 같았다. 그동안의 자괴감을 얼른 추스르고 진심을 담아 이력서를 썼다. 면접 뒤 약 2주 만에 나는 드디어 옥천군민이 되었다.

　이곳 중간지원조직 업무는 도시와 크게 다르진 않을 것이다. '중간'은 행정과 민간의 사이라는 의미다. 옥천군 마을공동체 사업에 주민들이 참여하도록 돕고, 주민 활동을 지원한다. 이 '지원'에 내가 하는 대부분의 일이 포함되어 있다. 공동체 활동을 계획하고, 관련한 서류 준비를 돕는다. 행사가 있으면 홍보물도 만들어 참여자를 모으고 손뼉 치며 흥을 돋운다. 갑자기 행사 진행자가 되기도 한다. 모든 어르신을 어머님, 아버님으로 부르며 우리 사업에 재미와 보람을 느끼시도록 응원해드리는 것도 역할 중 하나다.

문제는 컴퓨터다. 대부분 70~80대 이장님들이 마을 사업을 이끄는데, 관련한 컴퓨터 작업이 내가 봐도 보통 일이 아니다. 첨부해야 할 서류는 어찌나 많은지, 서류 때문에 일 못하겠다는 협박(?)도 이따금 터져 나온다. 커피 타드리며 불만도 들어주고, 조금만 더 해보자고 설득한다. 정 안 되면 노트북 들고 옆에 앉아서 불러주는 대로 받아 적는다. 영수증을 붙이고 정리하는 게 우리 같은 중간지원조직의 연말 풍경 중 하나이다.

이렇게 일하다보니, 어르신들은 종종 나를 공무원으로 아신다. 중간지원조직 직원이라고 이런저런 설명을 덧붙여도 고개를 갸웃하신다. 이제는 나름 방법을 써서 '준공무원'이라 소개한다. 그러면 젊은 처자가 좋은 직장 다닌다고 대견스러워하신다.

진짜 공무원은 아니지만 어르신 말씀대로 좋은 일자리라 생각한다. 대체로 업무시간이 정해져 있고, 육체적인 노동강도도 세지 않다. 생각했던 것과 달리 월

ⓒ필자 제공

전국 모든 지역을 후보지로 놓고 물색을 시작했다.
기준은 내가 참여할 만한 청년정책이 있는지와
교통, 접근성, 환경 등이었다.
그렇게 여러 단계를 거쳐 충북 옥천을 최종 점찍었다.

급은 웬만한 도시 수준인데, 생활비는 그만큼 들지 않는다. 현재 사는 볕 좋은 18평형 아파트 월세가 45만원인데, 군에서 청년 월세지원금으로 월 10만원을 지원해준다. 확실히 서울에서 살 때보다 공간적, 시간적으로 여유를 느낀다. 지역살이에서 가장 기대한 바이기도 하다.

나는 운 좋게도 괜찮은 일자리를 잡아 고민하던 지역이주를 실현할 수 있었다. 여기 직원 가운데 나처럼 일을 계기로 옥천에 온 분이 다섯명, 도시로 나갔다가 유턴한 청년이 두명이다. 지역소멸 위기에서 일자리의 중요성을 새삼 느낄 수 있다. 하지만 이런 일자리는 매우 한정적이다. 갑자기 조직이 문을 닫을 수도 있다. 결국, 처음 마주했던 일 고민은 계속되고 있다. 이제 생계를 위한 일뿐 아니라 재밌게 살기 위한 활동도 계획 중이다. 머지않은 미래에는 일과 활동의 중간에서 사람들을 연결하고 있지 않을까 상상한다.

다시 듣는 **노회찬의 목소리**

저는 고향이 어디냐는 물음에 이렇게 답합니다. "노동자 서민의 땀과 눈물과 애환이 서려 있는 곳, 그곳이 나의 고향입니다."

—총선 출마 선언문, 2016.2.1.

계약 없는
글쓰기의 나라에서

서찬휘

만화 칼럼니스트

나는 1998년부터 만화를 중심으로 글을 써온 칼럼니스트다. 한겨레 '서찬휘의 만화 숲 산책', 일요신문 '서찬휘의 만화 살롱', 인천일보 '덕질인생', 국방일보 '만화로 문화 읽기', 여행스케치 '만화 속 배경 여행'…… 그간 매체에 연재해온 코너명들이다. 물론 단발성 청탁은 셀 수 없다. 개인적으로는 만화를 칼럼이라는 틀로 다루는 몇 안 되는 사람이라는 자부심이 있지만, 나를 비롯해 글 쓰는 직업을 둘러싼 환경은 참으로 열악하다.

매체 입장에서 외부 필자는 소모품이다. 지면 구색을 갖추기 위해 기용했다가, 필요할 때 가장 먼저 쳐내는 대상이다. 그래서 나 같은 외부 필자들은 언제고 "여기까지입니다"라는 연락을 받을 수 있다는 체념을 안고 산다. 내가 겪은 사례를 소개하자면, 한 언론에서 코로나19가 한창이던 시절 "사정이 어려워 상부에서 외부 오피니언 지면 자체를 줄이라 했다"라고 들은 게 대표적이다. 코로나19 당시 중소규모 매체들은 외고 분량을 반토막 내거나, 고료를 몇달씩 주지 않기도 했다. 근래에도 한 전문지 담당자에게 밀린 고료를 요구했다가 "아무래도 다른 곳을 알아보셔야겠습니다"라는 말을 들었다. 또다른 전문분야 매체 칼럼니스트 모집에 응했다가, 차를 대접받으며 "우린 규모가 작고 사정도 안 좋아 이 정도 경력자분의 고료를 감당할 순 없습니다"라는 고백(?)을 받기도 했다.

이런 상황이 갈수록 외부 필진을 기용하지 않거나, 무임금을 감내할 이들만 쓰는 쪽으로 몰고 가고 있다. 출판사와 연계를 빌미로 글을 모으는 '브런치'나 작가 멘토링을 붙여준다는 '창작의날씨'도 결국 그런 발상의 연장선에 있는 오픈마켓이다. '당신도 작가가 될 수 있다'라는 부류의 표어는 시간을 소비하기 위한 콘텐츠의 원천으로서 갈수록 그 필요성이 부각되고 있는 읽을거리들을 고료 한푼 안 받고 제공하게끔 독려한다. 게다가 누구는 개인출판을 하라고, 누구는 글을 써서 목소리로 읊으라고, 누구는 하드 속에 쟁여둔 글을 전자책으로 내서 투잡하라고 한다. 실제 원고를 검

매체 입장에서 외부 필자는 소모품이다.
지면 구색을 갖추기 위해 기용했다가,
필요할 때 가장 먼저 쳐내는 대상이다.

ⓒ필자 제공

토해 함께해보자던 한 오디오북 업체가 있었는데, 녹음에 후가공까지 다 해주는 만큼 초기 비용인 원고료는 줄 수 없다고 했다.

아예 못 준다는 곳은 그렇다 치고, 주는 곳은 어떨까. 원고료는 내가 활동을 시작했던 26년 전과 크게 다르지 않은 원고지 장당 1만원 안팎을 벗어나지 못한다. 연감이나 사보 등 극히 일부의 경우가 아니곤, 언론사도 웹진도 모두 외부 원고료는 1만원 안팎이었다. "죄송하지만……"이라며 장당 5천원, 8천원에 원고를 청탁하는 경우도 왕왕 있다. 앞서 언급한 "이 정도 경력자분의 고료"라는 게 이렇게나 알량하다.

더 큰 문제는 대부분의 글이 계약서를 쓰지 않은 채 작성된다는 점이다. 무계약 용역이다보니 표준계약서 체결이 조건인 예술인복지재단 산재보험 지원 대상이 될 수도 없고, 주 52시간 노동제나 최저시급 대상에서도 비켜나 있다. 매체 대부분이 칼럼이든 평론이든, 연재든 단발이든, 글쓴이의 위치를 법률적으로 규정하지 않는다. 그렇다보니 직업인으로서 나의 경력을 확인시킬 방법은 매체들에 별도로 경력증명서를 떼달라 '부탁'하는 것뿐이다. 결국 나 같은 사람들은 글을 쓰는 행위만으로는 법의 보호를 받을 길이 없다는 얘기다.

계약서 없이 글을 의뢰하는 건 관례다. 원고지 장

당 1만원 또한 관례다. 관례가 가리키는 건 명확하다. "네가 하는 건 '직업으로서의 일'이 아니다"라는 것. 나는 글쓰기에 얽힌 관례가 암묵적인 법칙으로 작동하지 않길 바란다. 얼마 전 나의 일을 어문 노동, 집필 노동으로 인지하고 작가노조 준비위원회에 참여하게 된 이유다.

물론 당장은 이런 사례를 언급하는 것이 내게 역효과가 될 공산이 크다. 매체들로서는 귀찮은 이야기이고, 지면이 궁한 건 언제나 나니까. 그럼에도 말한다. 단 한편의 글을 청탁하는 데에도 계약서가 제시될 수 있기를, 그리고 최소한 물가상승률이 반영된 적정수준의 글값이 책정되기를. 이건 매체들이 필자들에게 어느 정도 수준의 전문성을 바란다면 보장돼야 하는 사항들이다. 성장은 이를 감당한 상태에서 꾀해야 한다.

다시 듣는 **노회찬의 목소리**

> 내가 그를 버렸지, 그가 나를 거부한 것은 아니다. 인생이란 정든 것들과 하나씩 이별하는 과정이기도 하다.
>
> ―「난중일기」, 2005.5.8. 담배를 끊은 뒤 남긴 말.

2부 견디고 움직이다

사지 마세요,
살아 있어요

김미숙

'동공당' 대표

20년 동안 마을에서 개장수를 하던 할아버지가 있었다. 우연한 기회에 그곳을 알게 되었고 주변 분들과 그곳의 개들을 구조하기로 했다. 그곳 아이들은 이른바 짬밥음식물쓰레기을 먹고 살고 있었다. 동네 음식점에서 나오는 음식물쓰레기를 가져다 그릇도 없이 길바닥에 부어주는 식이었다. 묶여 있지 않은 아이들은 시내를 돌아다니며 길고양이 사료를 먹거나 남의 집에 들어가 개밥을 훔쳐 먹으며 다녔다. 동네 주민들이 민원을 넣어도 주인이 있는 개라는 이유로 아무런 조치도 취할 수 없는, 마을의 골칫덩어리였다.

사람들이 모였고 주말마다 봉사를 다니며 환경을 조금씩 개선하면서 할아버지를 설득하고 '동물자유연대'에도 도움을 청했다. 우리의 설득으로 할아버지는 개들에 대한 소유권을 포기하고 가족들에게 돌아갔다. 새로운 곳을 찾아 쉼터를 짓는 것보다 20년 넘게 수많은 아이들이 팔려나가고 죽어나간 그 자리에 쉼터로 만들고 시작하는 것이 더 큰 의미가 있을 것 같다는 의견을 받아들여 그 자리에 쉼터를 짓기로 결정했다.

개똥과 쓰레기 더미로 뒤덮인 그곳을 몇날 며칠 치워가며 아이들이 지낼 수 있는 견사를 지었다. 단체 이름도 만들었다. 근사한 영어 이름도 거론되고 여러 이름이 추천되었는데 다수결로 '동물과 공존하는 당신'을 줄여서 '동공당'으로 결정됐다. 그동안 쉴 새 없이 태어나는 강아지들 이름도 지어주지 못한 채 입양처를 구하고 임시보호처를 구해서 보내기에 바빴다. 겨울에 시작된 공사는 봄이 되어 마무리되었다. 견사가 완성되고 길거리 아이들을 포획해서 '버려진 동물을 위한 수의사회'에서 중성화를 해주고 사료와 후원금도 보내주었다. 그사이에도 수많은 생명들이 태어나 가족을 찾아가고 또 죽어갔다. 처음 시작할 때 같이 있었던 사람들도 절반 이상은 떠나가고 바뀌었다.

마을 사람들의 반발도 있었다. 정말 예상치 못한 일이었다. 처음에는 농사를 망치고 들개처럼 돌아다니는 아이들을 잡아주어 고맙다고 인사하던 사람들이 견사를 다른 곳으로 옮기라고 협박 아닌 협박을 하기도

©필자 제공

20년 동안 마을에서 개장수를 하던
할아버지가 있었다.
우연한 기회에 그곳을 알게 되었고 주변 분들과
그곳의 개들을 구조하기로 했다.

했다. 지금은 철마다 밭에서 나오는 농작물을 사주는 것으로 타협을 봤다.

아이들이 입양만 가면 다 끝날 줄 알았던 이 일을 나는 5년간 하고 있다. 개체 수는 그때보다 지금이 더 늘었다. 솔직히 나는 쉼터가 지어지고 아이들이 중성화되면 입양이 될 줄 알았다. 그러나 현실은 그렇지 않았다. 쉼터가 안정되고 들개에 가까웠던 아이들이 훈련을 통해 순화되고 누가 봐도 순하고 이쁜 집 강아지가 될수록 아이들은 입양을 가기가 더 어려웠다. 아니 입양 기회가 없어지고 사람들 기억에서 잊혀갔다. 너무 비참하고 불쌍하고 도움의 손길이 절실한 아이들에게 밀려서 말이다.

'일이년이면 되겠지' 하고 겁 없이 시작한 이 일이 이제 햇수로 6년째 접어들고 있다. 처음 아이들을 입양 보내고 쉼터를 정리하겠다는 생각은 이제 포기했다. 남은 아이들이 무지개다리를 건널 때까지 잘 돌봐주고 행복하게 잘 살다 가게 해주는 것으로 목표를 바꾸었다. 목표를 바꾸고 나니 마음도 편해지고 해야 할 일도, 목표도 생겼다. 쉼터 아이들도 집 아이들과 다르지 않게 좋은 환경에 좋은 사료로 키우려 노력하고 있다. 그러려면 돈이 필요하다. 후원금에만 의지하지 않고 자체적인 수입이 있어야 한다는 결론이 났다.

올해부터 인식 개선 프로젝트를 시작했다. 모르거나 잘못 알고 계신 분들에게 제대로 된 정보를 제공하고 올바른 반려동물 문화 정착을 위한 교육을 하는 것이다. 동공당의 최종 목표는 사단법인을 만드는 것도, 전국적으로 유명한 큰 단체로 크는 것도 아닌 해체다. 나도 6년째 이어지는 백수 생활을 하루빨리 정리하고 싶다. 아니 돈 쓰는 백수 일은 고만하고 싶다. 그리고 나처럼 이런 일을 하는 분들을 도와서 전국의 사설 쉼터를 하나씩 없애는 것이 나의 최종 목표다. 유기견, 유기묘가 없다면 우리 같은 사설 쉼터가 있을 이유가 없을 테니까. 모자라는 대표를 믿고 함께해주는 동공당 운영진에게 무한한 감사와 존경을 보내며 이 기회에 다시 한번 외친다. 사지 말고 입양해주세요. 버리지 마시고 끝까지 책임져주세요.

다시 듣는 **노회찬의 목소리**

라디오 토론이니 점잖게 진행될 줄 알았는데 시작부터 난투극이다. (…) 이러니 점잖고, 상식적이고, 순박한 사람들은 정치권을 꺼리지 않았는가. 그 정치권에 이제 민주노동당이 들어간다. 타잔이 되어야만 이 동물들을 다룰 수 있다.
—「난중일기」, 2004.3.3.

3부

맞서고
고별하다

1퍼센트의 지분,
100퍼센트의 책임

홍수인

셔틀버스 운전기사·전국셔틀버스노동조합 총무국장

통학셔틀 노동자들은 어린이집, 유치원, 각급 학교, 학원, 체육시설 등 교육시설에서 미래세대의 안전 수송을 담당하고 있다. 학생·교육생 안전을 최우선으로 삼아 일하지만 정작 자신들은 불안하기만 한 하루하루를 보내고 있다.

60대 박영철가명 셔틀버스노동조합 조합원은 제빵사업을 하다 한일월드컵으로 나라가 떠들썩했던 2002년 셔틀버스 일을 시작했다. 당시 1300만원가량 하던 15인승 차량은 할부로 샀다. 목돈이 있을 리 없었기에 캐피탈사에 이자를 내야 했다. 일자리를 소개해준 브로커에게는 소개비 50만원을 줬다. 불법이지만 도리 없었다. 한달치 운행료를 줘야 하는 경우도 많다는데, 싸게 구한 셈으로 여겼다. 새로운 곳과 계약을 하려면 여전히 소개비를 줘야 하는데, 요즘은 70만원이다.

20년 남짓 흐른 지금은 유치원과 초등학생이 다니는 학원, 두곳에서 차량을 운행한다. 한곳당 받는 돈은 한달 150만원 정도이고, 연료비에 보험료와 차량 유지비 등을 제하면 실제 수입은 100만원 남짓이다. 자기 차량을 이용해 아침 8시부터 오후 4시까지 일하고 최저임금 정도를 버는 셈이다.

이 돈으로는 생계유지가 어려워 박 조합원은 이른바 '쪽타임'을 뛴다. 새벽시간 중·고등학생을 등교시키고, 밤늦게는 학원에서 집으로 실어 나른다. 현행법으로는 셔틀버스 기사와 교육시설이 공동소유한 차량만 유상운송이 가능하다. '쪽타임'은 그렇지 않은 일이다.

2015년 통학차량 안전사고가 연이어 터지자 정부에서는 사설 셔틀버스를 양성화한다며 차량 공동소유제를 도입했다. 교육시설을 운영하는 원장에게 셔틀버스 소유 지분 1퍼센트를 의무적으로 갖도록 해 안전운행 책임을 부과한 것인데, 그 1퍼센트로 책임을 지운다는 것도 어불성설이며 그 1퍼센트를 실제 원장이 지불하지도 않는다. 게다가 운행하는 학원을 옮길 경우엔 이전 학원 원장으로부터 1퍼센트 지분을 넘겨받아야 하는데, 관련 서류 절차가 제때 진행되지 않기도 한다. 시간이 중요한 셔틀기사들이 몇번이나 찾아가 독

통학차량은 어린이의 안전만이 아니라
셔틀버스 노동자의 안전과도 직결된다.

촉을 해야 하는 경우도 빈번하다. 폐업한 학원주가 잠적해 법원까지 가서 공동소유제를 풀었다는 조합원도 있다. 결국 있으나 마나 한 차량공동소유제로 불법의 굴레를 씌워놓으니, 현장에서 일하는 우리 조합원들은 '외줄타기'하는 심정으로 하루하루를 버티고 있다.

우리 노조는 공동소유제가 아니라 통학차량 등록제를 요구하고 있다. '어린이·학생 통학 전용차량'으로 등록하고 차량과 함께 운전자를 등록해 법률이 정한 교통안전교육 등을 이수하고 여객자동차운수사업법 시행규칙 104조에 따른 유상운송 허가를 받아 운행하자는 것이다. 1천만 미래세대의 안전한 이동권 보장과 30만 셔틀버스 노동자들의 노동기본권 보장 등 사회 공공성을 담보하기 위해서다.

최근에는 전기차 문제로도 혼란스럽다. 국회는 2019년 4월 대기관리권역의 대기환경 개선에 관한 특별법을 제정하면서 4년 뒤인 2023년 4월 3일부터 어린이 통학버스 경유차량 사용을 제한했다. 그런데 2021년, 유예기간을 2024년 1월로 연장하는 개정안이 국회를 통과했다. 올해 8월에는 박찬대 더불어민주당 의원 등이 유예기간을 5년 더 연장하는 개정안을 발의했다. 이러다 특별법이 없어질 것이라는 소문도 돌고 있다.

어린이들은 어른보다 단위체중당 호흡량이 두배

이상 많아 미세먼지에 취약하다. 미래세대와 기후위기 대응을 위해 통학용 전기차량을 확대하려면 제대로 된 대안이 나와야 한다. 경유차량을 소유한 셔틀버스 노동자들은 혼란스럽기 짝이 없다. 이렇다 할 만한 지원책도 보이지 않는데, 경유차량을 제한하는 특별법마저 없어진다는 설까지 있으니 머릿속이 복잡하다.

통학차량은 어린이의 안전만이 아니라 셔틀버스 노동자의 안전과도 직결된다. 유럽은 어린이 통학차량은 강화된 안전기준에 따라 제작 단계에서부터 별도로 만들어진다. 우리나라에서는 안전장치를 개조하는 것에 그치는데, 비용은 셔틀버스 노동자의 몫이고 불량 개조로 문제가 발생하는 경우도 있다. 우리 노조는 정부가 차제에 미래세대 건강권, 조합원의 안전과 생존권과 직결된 문제를 미루기만 할 게 아니라 전기차 전환지원 정책 수립에 적극적으로 나서기 바란다.

다시 듣는 **노회찬의 목소리**

거꾸로 타는 보일러가 있다는 얘기는 들었지만, 복지 공약이 왜 이렇게 자꾸 거꾸로 축소되는지 제가 묻고 싶은 심정입니다.
—MBC「100분 토론」, 2010. 5. 18.

'영웅'이
사라지는 이유

김경운

간호사 · 민주노총 보건의료노조 성남시의료원지부

2020년 1월 성남시의료원 개원을 앞두고 마취회복파트 간호사로 입사했다. 마취의를 도와 수술할 환자를 마취하고, 수술 뒤 마취에서 깨어난 환자의 회복을 돕는 일을 주로 했다. 처음 간호사 일을 시작한 2013년에는 사람들이 '남자 간호사'라고들 했지만, 지금은 그냥 간호사로 여긴다. 하지만 제약도 많다. 젊은 여성 환자를 간호하거나 시술에 참여할 때가 특히 어렵다.

병원 개원을 앞두고 코로나19가 시작됐다. 정부 지침에 따라 감염병전담병원으로 지정되면서 의료원은 정식 개원을 미뤘다. 숨 돌릴 틈 없이 업무가 밀려들었다. 방호복을 입고 환자의 기본적인 바이탈^{혈압, 맥박, 호흡, 산소포화도} 확인, 의사의 '오더'를 확인하며 투약, 침상

정리, 식사 제공까지 담당했다. 여기에 기저귀 갈기, 체위 변경, 욕창 처치, 시트 변경, 석션가래나 혈액 제거, 심폐소생CPR 상황 환자 관찰, 환자 정보 조사와 고압산소요법 치료, 치매·정신질환 환자들 낙상이나 위험 행동으로부터의 보호, 화장실 동행, 각종 약물 처치, 코로나 치료제 처치와 부작용으로부터의 관찰과 대처, 청소와 방역, 의료폐기물 박스 만들기와 관리, 택배 수령…… 선별진료소를 설치하고 주출입구를 관리하면서 여름에는 땡볕과, 겨울에는 추위와 싸웠다.

마스크까지 착용하고 이런 일들을 하려니 숨쉬기가 힘들어 어지럽고 구토를 하기도 했다. 생활치료센터에서 일할 때는 다른 지역으로 옮겨가 가족과 떨어져 지내야 했다. 선제검사소, 백신 예방접종, 생활치료센터, 재택 격리자 관리까지 업무들이 수시로 바뀌고 추가되었다. 중환자실 간호사들은 환자 임종을 지키고 시신까지 관리했다.

일부 환자들의 폭언, 폭행, 성희롱에 시달리기도 했다. 사업상 계약 때문에 지방에 내려가야 한다던 50대 남성이 기억난다. 음성 결과가 나오지 않자, 자신은 상태가 괜찮다며 여러 욕설과 과격한 행동을 했다. 나를 비롯한 남성 의료진이 주로 간호해야 했다. 나중에 미안하다고 하셨는데, 초창기 엄격했던 규정을 생각하

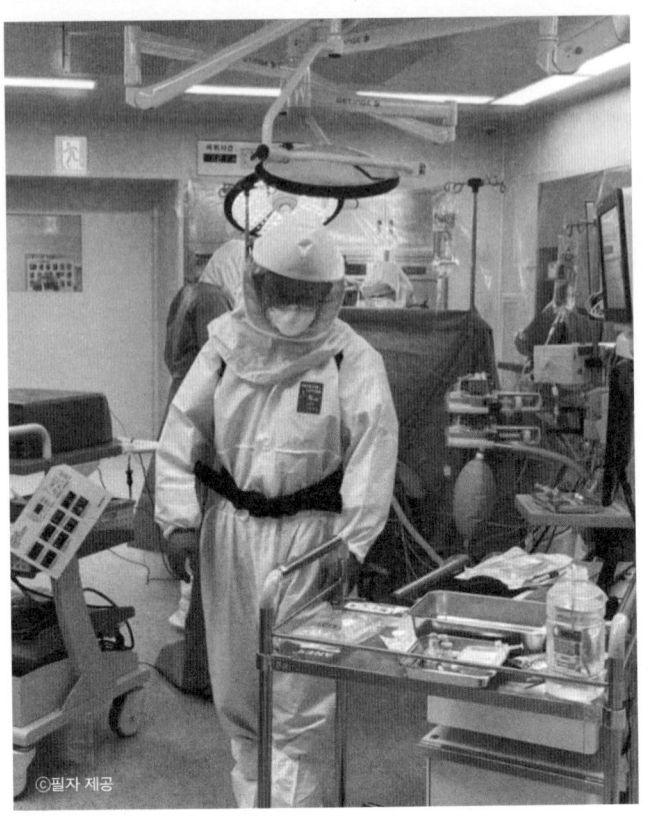
ⓒ필자 제공

정부와 언론, 국민들은 우리를 '영웅'이라 불렀다.
그러나 그 영웅들은 지금 사라질 위기에 처해 있다.

면 이해 못할 바는 아니지만 당시는 힘들었다.

정부와 언론, 국민들은 우리를 '영웅'이라 불렀다. 그러나 그 영웅들은 지금 사라질 위기에 처해 있다. 적자 누적을 이유로 지방의료원 운영을 위탁하고 민영화하려는 움직임을 보이기 때문이다. (정부는 부인하지만) 그 첫번째 타깃이 성남시의료원이다. 이미 성남시는 보건복지부에 위탁 승인을 신청했고 병원장은 15개월째 공석이다. 뒤숭숭한 위탁 논란 속에서 많은 의사가 병원을 떠나 정원[99명] 대비 충원율이 50퍼센트 대에 불과하다.

지난해 연말엔 민주노총 보건의료노조 나순자 위원장과 전국 지방의료원 지부 간부들 스물여덟명은 18일간 단식농성을 벌였다. 2024년 감염병전담병원 회복기 지원 예산이 0원에 가까운 수준으로 깎였기 때문이다. 강바람 거센 국회 앞 농성장은 유독 추웠고, 단식 3일차부터 지부장들이 하나둘씩 쓰러져 응급실로 실려 가기 시작했다. 하루하루 나 자신과의 싸움이었다. 목숨 걸고 막아내야 한다는 각오로 물과 소금만으로 하루 24시간을 계속 버텨낼 수 있었다. 그렇게 해서 요구했던 2900억원의 절반에도 미치지 못하지만 약 1천억원 예산이 편성됐다.

하지만 끝이 아닌 시작이다. 각자 병원으로 돌아

가 내부 현안 및 지방자치단체와 각종 사안을 협의해야 한다. 나 역시 의료원 정상화와 위탁 반대 투쟁을 해야 한다. 공공병원 적자를 얘기한다. 그런데 그게 직원들 잘못인가? 코로나 때문에 원래 병원을 떠나 3년간 다른 병원에 다닌 환자들에게 이제 다시 오라고 하면 올까? 그런데도 재정적 손해는 오롯이 지방의료원들 몫이 되었다. 신상진 성남시장은 병원 정상화를 위한 노력은 뒤로한 채 법무부^{한동훈 전 법무장관}와 '중증정신질환 수용자 법무병상'을 성남시의료원에 들이겠다는 협약도 체결했다. 의료원이 있는 수정구는 취약계층이 많은 지역으로, 같은 성남이지만 분당구와 의료 격차가 크다. 분당에 의료원이 있었더라도 중증정신질환 수용자 병상을 들여오겠다고 했을까?

또다른 신종 감염병에 대응하기 위해서라도 공공병원을 살려야 한다. 의료진들을 영웅이라 불렀던 그때를 기억하면서.

다시 듣는 **노회찬의 목소리**

민의의 전당이라고 했는데 민의가 없는 거죠, 자의만 있죠.
—TBS 「김어준의 뉴스공장」, 2018.6.27 공수처법 통과를 주장하며 국회를 향해.

나는 기자입니다
그리고 난민입니다

나일강의 여자(필명)
난민 · 자동차 부품 공장 노동자

딸만 여섯인 집의 장녀로 태어났다. 당시 이집트에는 딸만 가진 집에 대한 편견이 심했기에 나는 없는 아들을 대신하려 애썼다. 가족을 기쁘게 하고 싶었다. 공부 끝에 한 대학의 저널리즘학과에 진학했다. 그렇게 자랑스러운 딸이 되어간다고 생각했다.

이즈음 이집트에서는 독재 정권에 맞서 2011년 1월 혁명이 일어났고, 나는 결혼과 이혼을 겪고 있었다. '여자에게 결혼은 필수'라는 이집트 사회의 통념을 이길 수 없어 결혼했지만, 사회는 이혼한 나를 '중고'라 부르며 더욱 거센 억압을 가했다. 그렇게 나는 나의 개인적인 삶 속 싸움들, 그리고 혁명이라는 큰 싸움을 동시에 치르고 있었다.

본격적으로 기자 일을 시작한 건 2012년이다. 부

패한 정권과 결탁한 언론사에서는 일하고 싶지 않았기에 고심 끝에 청년들의 목소리를 대변하는 '라스드 뉴스 네트워크'에서 유튜브 콘텐츠 제작자로 근무했다.

2012년 6월 최초의 민선 대통령 무함마드 무르시의 당선도 잠시, 군부는 쿠데타를 선언했고 2013년 7월 무르시와 그의 지지자들을 체포했다. 군부는 언론을 통제하기도 해서 나 역시 처벌될지 모른다는 불안을 견디며 비밀리에 일했다. 동시에 기자 일을 조금도 포기하고 싶지 않았던 나는 검열 대상이 아니었던 언론사 '다마스쿠스의 목소리'에서도 일하기 시작했다. 이때 만난 이집트에 거주하는 시리아 난민들의 자리에, 언젠가 내가 한국에 거주하는 이집트 난민으로 있게 될 줄 그때는 알지 못했다.

이집트 현대사에서 2013년 8월 14일은 끔찍한 날이다. 이날 이집트 군대와 경찰은 무르시 대통령 복권 시위에 나선 시민 700여명을 죽였다. 희생자 중에는 시위 현장에서 일하던 기자 동료들도 있었다. 나는 결단을 내려야 했다. 나 개인의 안전을 택할지, 기자의 소명을 다할지 말이다. 군부의 폭력과 통제에 위협받던 건 기자들뿐 아니라 인권활동가들도 마찬가지였고, 나는 한 인권활동가와 사랑에 빠졌다. 그는 나의 남편이 되었고 우리는 우리 사이에서 난 딸의 부모가 되었다. 남편은 내가 기자 일을 지속하는 것을 지지했다.

2016년 폭력과 통제는 더욱 가혹해졌고 나와 남편은 정말 체포될 위험에 처했다. 탈출만이 유일한 길이었다. 두살배기 우리 딸에게서 부모를 앗아가게 할 순 없었기 때문이다. 무비자 입국이 가능했던 한국이 우리 셋의 목적지가 되었다(이후 한국정부는 2018년 9월 1일부터 이집트인을 무비자 입국 대상에서 제외했다). 나와 전 남편 사이에서 낳은 아들은 두고 올 수밖에 없었다. 아들과 금방 다시 만날 것을 약속했지만, 재회까지는 수년이 걸렸다.

인천공항에 도착한 우리는 식중독에 걸린 딸을 위해 의사를 부를 수 있는지 물었고, 우리에게 돌아온 건 모욕과 질책뿐이었다. 입국 뒤 우리는 의지할 것이 전무한 채, 망명자에게 주어진 권리의 벽을 체감하며 매일같이 새로운 문제에 부닥쳤다.

난민으로 인정받은 건 4년이 지나서다. 다만 난민 인정 뒤에도 삶이 그리 나아진 건 아니다. 추방의 위협에서는 벗어났지만, 우리는 여전히 우리의 권리를 위해 매번 싸우고 최선을 다해야 한다. 우리는 최악의 조건에서 최소한의 임금을 받고 최소한의 생계를 꾸려간다.

지금은 2년째 자동차 부품 생산공장에서 일하고 있다. 첫해는 비교적 수월했지만, 둘째 해부터는 물리적 힘이 많이 드는 난도 높은 작업장으로 옮겨가게 되었다. 나는 퇴근 뒤 매일같이 고통받는다. 집안일을 잘 해낼 수도, 가족들과 시간을 보낼 수도 없다. 그저 이런 질문들을 혼자 되뇐다. 내 삶은 대체 언제까지 내게 맞지 않는 일자리에서 낭비되는 걸까? 어째서 누구도 우리를 신경 쓰지 않는 걸까?

한편 지난 4년간 나는 한 난민 인권단체에서 난민으로서 학생들을 비롯해 여러 사람을 만나며 난민에 대한 인식을 개선하고 있다. 이런 순간만큼은 저널리즘으로 복귀한 듯하다. 나는 한국에서도 기자로 일하고 싶다. 기자 일은 내가 대학과 전 직장들에서 훈련받아 잘할 수 있는 일, 우리 가족과 나 자신에게 자랑스러운 일이다. 그래서 어려워도 한국어를 열심히 배우고 있다. 언젠가 아랍 문학 작품을 한국어로 옮기겠다는 꿈도 나에게 있다.

번역: 현정

다시 듣는 **노회찬의 목소리**

초심이 흔들린 적은, 놀랍게도 없습니다. 그렇지 않고는 지금까지 올 수 없죠. 흔히 초심으로 돌아가야 한다는 말을 하는데, 이 말을 달리 하면 초심에서 벗어난 상태라는 얘기예요.

—대학생언론협동조합「YeSS」, 2012.11.16.

보이지 않는 곳을
고치는 사람

조수형

가전제품 분해 청소노동자

나는 가전제품을 분해해서 청소하는 일을 한다. 이 일을 한 지 15년이 됐지만 여전히 이 직업을 모르는 사람들이 있다. 우리가 편리하게 사용하는 가전제품들이 의외로 많은 세균과 바이러스 등에 오염돼 있는 것이 알려지면서 이 직업이 생겼다.

이 일은 청소업에서도 좀더 특화된 영역이다. 세탁기, 에어컨, 냉장고 등을 분해 청소하는 일은 단순히 장비와 기술로만 할 수 있는 건 아니다. 전문성과 현장 경험이 필요하다. 모델마다 분해·조립 방법이 달라 새 제품이 나올 때마다 계속 연구하고 익혀야 한다.

요즘은 인터넷이나 유튜브로 분해·조립 방법을 배우고 창업을 하는 사람들도 있다. 그래서 이 일에 종사하는 사람은 점점 늘고 있지만 중도에 포기하는 경우도 많다. 가장 큰 이유는 비수기가 길어 안정된 수입 보장이 어렵기 때문이다.

겨울이 끝나가도 계속되는 불경기 여파인지 주문이 급격히 줄었다. 나 역시 사업의 존폐를 염려할 상황이다. 올 들어 문을 닫은 업체들도 상당수 보인다. 아주 큰 힘을 쓰는 일이 아니기에 나이가 들어도 할 수 있는 일이라 시작했는데 녹록지 않은 상태가 된 것이다.

가전제품 분해 청소에 걸리는 시간은, 대개 짧게는 한시간에서 길게는 서너시간 이상이 필요하다. 통돌이 세탁기는 수조를 들어내고 고객과 함께 오염도를 확인한 뒤 고압세척기와 곰팡이 제거제로 세척을 한다. 에어컨은 열교환기까지 분해해서 약품세척, 고압세척, 스팀세척을 하고 열교환기 탈취 후 다시 제품을 조립하고 정상 작동 여부를 확인한다. 냉장고는 내용물을 전부 비운 다음 청소를 해야 한다. 트레이를 분리하고 내부는 세척액을 묻혀 닦아준다.

가전제품 분해 청소 일은 고객의 선택에 의해 정해지기 때문에 계절과 경기가 매출에 큰 영향을 미친다. 봄부터 여름까지가 가장 많고 겨울은 완전한 비수기다. 청소 작업 가격은 업체마다 다르지만 세탁기, 에어컨, 냉장고 등은 적게는 6~7만원에서 많게는 19~20만원에 이른다. 냉장고는 내부 음식물을 버려 달라거

앱들의 수익 창출 시스템이 작업자에겐 가혹하다.
고객 문의가 들어와 견적서를 보내면
계약이 성사되지 않아도 수수료를 물어야 한다.

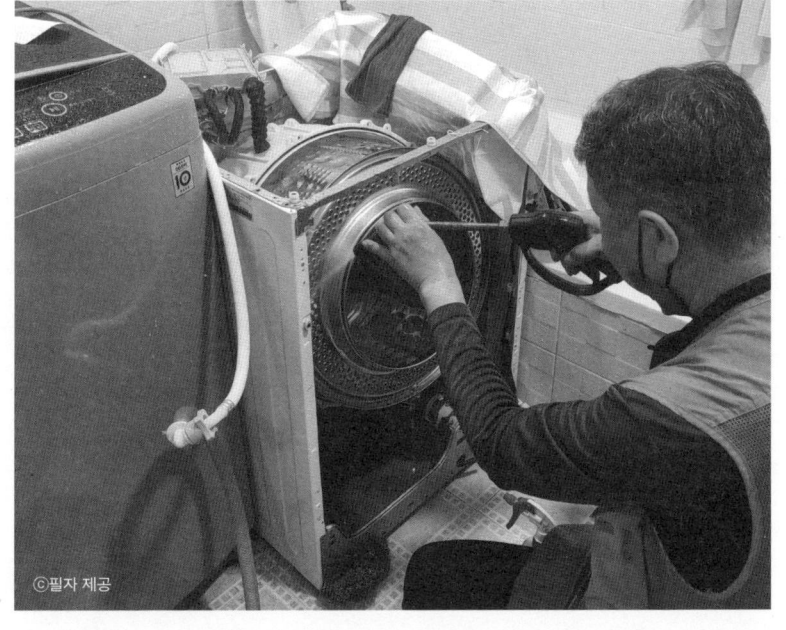
ⓒ필자 제공

나 수납정리까지 맡길 경우 가격은 더 오른다. 작업 시간과 노동 강도에 비춰보면 싼 편이라 할 만하다.

한철 벌어서 1년을 먹고사는 직업들은 대개 단가가 높다. 오스트레일리아에서 가전제품 청소를 하는 지인에 따르면, 제품 종류에 따라 차이는 있으나 우리보다 평균 세배 이상 높다고 한다. 하지만 우리 사회는 아직도 노동이 천시되어서인지 충분한 대가를 받지 못하는 것이 현실이다. 요즘엔 생활서비스 앱이 생기며 가격 인하 경쟁을 부추긴다. 이런 앱들의 수익 창출 시스템이 작업자에겐 가혹하다. 고객 문의가 들어와 견적서를 보내면 계약이 성사되지 않아도 수수료를 물어야 한다. 견적서를 수십장 보냈지만 한건도 일을 못하게 돼도 수수료를 내야 하는 건 부당하다고 생각한다.

이 직업의 마지막 어려움은 고객 대면이다. 장시간 같은 공간에 있어야 하는 부담감, 정신적 압박감은 스트레스로 연결되기도 한다. 노동자를 업신여기는 고객을 만나면 비위를 맞추는 것 또한 쉬운 일만은 아니다. 더운 날 여섯시간 이상을 작업하면서 물 한잔 얻어먹지 못한 적도 있고, 냉장고 청소 후 집 안에 음식물 냄새가 난다고 냄새를 지우고 가라고 했던 일도 있다.

불량한 제품인데 작업자에게 책임을 전가하는 경우도 있다. 작업 전에 제품이 잘 작동되는지, 소음은 없는지, 버튼은 잘 눌러지는지 등 철저한 사전 점검을 하는 이유다. 한번은 오래된 세탁기를 분해 청소하고 조립을 마친 뒤 재작동을 하는데 전원 버튼 작동이 오락가락했다. 세탁기 조립을 잘못해서 그런 게 아니라 전원 기판 문제라는 생각이 들었다. 하지만 아무리 얘길 해도 고객은 수긍하지 않았다. 이럴 때는 도리가 없다. 6만원 벌러 갔다가 15만원짜리 중고 세탁기를 사주고 와야 했다. 모든 고객이 다 그런 건 아니다. 작업자를 믿어주고 배려하는 고객도 많다. 그럴 땐 일에 보람도 느끼고 내심 뿌듯하다.

두번의 대출로 견디고 겨울을 지나 봄을 맞지만 불경기인 요즘이 가전청소업의 현 모습이며 내 모습이다. 이 길이 옳은 선택인지 의심도 해본다. 하지만 앞일은 모르는 것이기에, 모든 게 나빠도 전부 나쁜 것은 아니라는 긍정적인 생각으로 일터에 나선다.

다시 듣는 **노회찬의 목소리**

3·1운동은 뭡니까? 3·1운동도 언제 법률로 확정된 적 있습니까? 일제 물러가야 한다고 판결이 내려진 뒤에 3·1운동 해야 합니까?

—JTBC「밤샘토론」, 2016. 11. 25.

차별과
환대 사이에서

니카미 유리에

협동조합 '쯤오책방' 조합원

'여기서 나는 외국인이 아니라 마을 사람이구나.'

한국에 온 지 8년. 마을살이에 관해 이야기해보려 한다. 이주민이라고 하면 '외국인'이나 '불편함' 같은 단어가 떠오르지 않는가. 하지만 지난 시간을 돌아보면 그런 단어에서 조금씩 멀어지고 있음을 느낀다. 나는 파주시 교하에서 '나다움'을 찾으며 성장하고 있다.

그동안 일본 사람이라서 받은 상처들도 있었다. 모르는 사람이 던진 말 때문이었다. 아이를 안고 횡단보도를 건널 때 내가 일본 사람인 것을 안 행인은 대뜸 이렇게 말했다.

"일본 사람이죠? 나 같으면 결혼 반대할 것 같아요."

하지만 한국에 살면서 기억에 남는 것은 상처의 말보다 마을 사람의 따뜻한 말이다.

2016년, 남편 직장 때문에 교하로 이사하게 됐다. 아는 사람도 없고 어디가 어딘지 모르는 채 도서관에 갔다. 책을 좋아했고 첫째 아이가 태어난 지 얼마 안 된 터라 그림책을 읽어볼까 하는 마음이었다. 도서관은 내게 쉼터가 되어줬고 아이에게는 놀이터가 되어줬다. 사서 선생님들은 나를 외국인으로 바라보기보다는 아이 엄마로 따듯하게 대해줬다. 그곳에서 많은 사람과 만났다. 일본 소설을 원서로 읽는 모임 사람들, 육아하는 엄마들, 도서관에서 봉사하는 분들…… 그 인연으로 일본 그림책 읽기 봉사활동을 시작하게 됐다. 도서관이라는 공간, 책이라는 매개를 통해 사람들을 만났고 활동 범위가 넓어졌다. 마을에 있는 책방에서 일본어 수업도 하게 됐다. 주말이면 서울에 가 일본어 강사로 일했던 나는 생활공간인 마을에서 일하며 아이를 키우게 될 수 있다는 것이 너무나 기뻤다.

마을 사람들과의 인연 덕분에 마을 책방을 운영하는 협동조합의 조합원이 되었고 '디어 교하'라는 마을 잡지의 기자단으로 활동하게 됐다.

우리 마을 사람들은 한 사람 한 사람 각자 좋아하는 것과 몰두하는 무언가가 있다. 육아를 하거나 일에 매진하다보면 '나'를 잊을 때가 많다. 이 마을에서는 내가 외국인이라는 사실을 생각하지 않는다. 정확히 말하면 여기서 나는 한 '사람'으로서 존재하고 있다. 나는 누군가의 친구이고 옆집 사람이자 이웃이다. 누군가 어려운 상황에 부닥치면 함께 고민해주며 적당한 거리에서 신경 써주는 분들이 많다. 어른이 되어도 다른 사람의 단점을 받아들이기는 쉬운 일이 아니다. 마을 사람들은 좋은 방향으로 공동체를 이끌기 위해 서로 노력한다.

가끔 다른 지역에 여행 가면 "일본 사람이세요?" 하고 묻는다. 그제야 '일본 사람이었지' 하고 자각하게 된다. 사실 이제는 낯선 질문이라서 그 질문을 들으면 묘한 기분이 든다. 그 물음이 싫을 때도 있다. 마음속으로 '그래서?' 하고 대답해본다. 한국 사람과 외국 사람을 구별할 필요가 있을까? 의문이 든다. 질문하는 사람은 별생각이 없었겠지만 내겐 차별의 말로 들린다. 그만큼 나는 이곳에서 한 사람으로 살고 싶은 것 같다.

마을 사람들과 '교하 시청각 클럽'을 결성했다. 공동체 실험 사업에 선정된 것이다. 이 사업을 통해 나는 이주민이 아니라 마을 사람으로 살고 있다는 것을 다시 확인했다. 공동체 생활은 소통과 이해를 통해 풍성해진다는 것을 경험했다. '아시타청我視他聽'이라는 프로그램은 나를 잘 바라보고 타인의 이야기에 귀 기울인다는 뜻이다. 여섯 명의 팀원이 각자 좋아하고 잘하는 이주민으로 살며 때때로 사람들이 생각하지 못한 부분에서 조용히 상처받고 자존심이 상하기도 하지만 마을 사람들과 함께 살고 있어서 용기를 얻고 자신감을 가질 수 있는 것 같다.

ⓒ필자 제공

것을 기반으로 여러 활동을 기획했다. 나는 '마음 스트레칭'이라는 이름으로 그림책을 통해 나와 대화하고 사람들과 대화하는 시간을 여러번 가졌다.

'외국인'이라는 낙인 때문에 주저한 일이 많다. 몇 년 동안 공부한 그림책 심리학 또한 단순히 나를 위해 공부한 것이라고만 생각했다. 이주민이기 때문에 한국에서는 다른 사람을 위해 무언가를 할 수 있을 거라는 생각은 하지 못했다. 하지만 마을 사람들의 응원과 참여자들의 반응 덕분에 용기를 낼 수 있었다.

이주민으로 살며 때때로 사람들이 생각하지 못한 부분에서 조용히 상처받고 자존심이 상하기도 하지만 마을 사람들과 함께 살고 있어서 용기를 얻고 자신감을 가질 수 있는 것 같다. 이주민뿐만 아니라 누구에게나 통하는 이야기이다. 그 사실을 한 사회의 소수자가 되어서야 알게 됐다. 모르는 사람의 차가운 말보다 이웃의 따듯한 말이 몇배의 힘이 있다는 것을. 그리고 나를 알아주는 사람들을 만나려면 내가 먼저 마음을 열고 움직여야 한다는 것을.

> 다시 듣는 **노회찬의 목소리**
>
> 막말이 서민적 용어라니, 이보다 더 서민을 모욕한 말은 일찍이 없었습니다.
>
> ―노회찬 트위터, 2018. 3. 31.
> 홍준표 자유한국당 대표가 '막말 논란'을 '서민적 용어'라고 반박한 뒤에.

쿠팡은
사과하지 않았다

정금석
쿠팡 택배 사망노동자 유가족

    저는 쿠팡 로켓배송 사망 노동자 정슬기의 아버지 정금석입니다. 사망 노동자의 아버지로 7개월을 살며 거리를 헤매고 다니지만 오늘도 희망이 보이지 않습니다. 7개월 동안 저는 국민을 보호하지 않고 국민의 안전을 지키지 않는 나라는 나라가 아니라고 외쳤습니다. 결국 지난해 12월 3일 대통령의 불법 무도한 비상계엄 사태를 통해, 이는 확실하게 증명이 되고 말았습니다.

    지난해 5월 28일, 외국에 있던 제게 아들이 세상을 떠났다는 소식이 왔습니다. 급히 귀국해서 장례를 치르고 아들이 일하던 택배회사 대리점에 갔습니다. 산업재해 인정은 어려우니 합의를 하자는 말이 이상해서 여기저기 알아보니 전국택배노동조합이 있었습니다. 노동조합의 도움으로 산재를 신청하고 과로사를 인정받았습니다. 아들처럼 쿠팡에서 일하다 죽은 노동자의 유족들이 있다고 했습니다. 유족들이 모여야겠다 싶어서 저도 함께하겠다고 했습니다. 세상에서 사람의 생명보다 더 소중한 것은 없고 생명은 한번 잃으면 돌이킬 수 없기에 더욱 존엄하다는 말이, 아들의 빈자리를 보며 어찌할 수 없는 저의 가슴을 저리게 합니다.

41살 건강했던 아들을 지키지 못한 아비는 남은 생애를 죄인으로 살아야 합니다. 갑자기 남편을 잃고, 아버지를 잃은 며느리와 네 손자들이 험한 세상을 어떻게 살아갈까를 생각하면 눈앞이 캄캄해집니다. 아들은 일을 시작한 지 몇주 만에 체중이 10킬로그램이나 빠지고 무릎이 닳아 없어질 것 같은 고통을 느꼈습니다. 14개월을 밤을 꼬박 새워가며 일을 하다 쿠팡에 끝내 '개같이 뛰고 있다'는 말까지 했습니다. 근로복지공단의 '업무상질병판정서'에는 '발병 전 4주간 주당 평균 업무 시간은 74시간 24분, 12주 동안 주간 평균 업무 시간이 73시간 21분'이라고 써 있습니다. 그 무거운 택배를 나르며 주 6일 내내 야간 근무를 했고, 배송 마감 시간으로 정신적 긴장 상태에 있어서 심장 혈관이 정상적인 기능을 못하게 됐다고 합니다. 그렇게 아들은 사망했습니다. 지난해 9월 12일 쿠팡 본사 앞에서 팻말을 들고 1인 시위를 시작했습니다.

서울 잠실대로 고층빌딩 앞에 팻말을 들고 섰는데, 그저 내 한 몸 할 수 있는 모든 것을 하겠다는 생각이었습니다. 아들을 잃은 상실감, 슬픔, 분노 이 모든 것을 생각할 때가 아니라는 마음으로, 아들과 같은 죽음이 일어나면 안 된다는 것, 쿠팡에 메시지를 줘야 한다는 생각뿐이었습니다. 지금까지 쿠팡은 유가족에게 공식적으로 사과하지 않고 있습니다. 10월 국회 국정감사에 쿠팡 임원들이 불려가던 어느 날, 죄송하다는 문자가 날아오더니 팻말을 들고 있는 제게 쿠팡 상무라는 이가 찾아왔습니다. '가족 문제니까 조용히 이야기하시자'라고 말하더군요. 저는 '쿠팡 문제는 이제 개인의 문제가 아니며, 연대 단체들, 노동자, 시민들의 문제'라고 말했습니다.

심야노동은 인체에 유해하다는 것이 판명되어서 가능한 한 자제하고 있는 21세기에, 쉼 없이 계속 심야노동을 강요하는 쿠팡의 행위는 중단되어야 합니다. 물류창고나 쿠팡캠프에서 일하는 노동자들은 너무나 열악한 환경에서 일하고 있습니다. 저는 지금 사람을 사람으로 대하지 않는 쿠팡 문제를 해결하겠다는 생각밖에 없습니다. 2020년부터만 세어도 스무명의 노동자가 죽었다고 하는데, 쿠팡은 죽음을 방지하려는 노력은 하지 않고 죽은 이들에게 책임을 지우고 유족들을 무시했습니다.

쿠팡에서 노동자가 죽어가는 동안 택배사업을 허가하고 관장하는 국토교통부와 고용노동부는 무엇을 했는가요? 기업을 감시해서 노동자들이 죽지 않고 안전하게 일하도록 해야 하는 책임은 누가 져야 합니까? 노동자들이 죽어가는 동안 한번이라도 제대로 된 근로감독이라도 해보았나요? 국가가 제구실을 하지 못하면 힘없는 국민은 마냥 죽어가야만 하는 것인가요? 기업의 횡포와 약탈로 신음하는 노동자들은 어디에 하소연을 해야 하는가요?

노동자들도 차별받지 않고 자유와 평등을 이루는 나라가 되어야 합니다. 억압당하던 노동자들이 안전하게 일하고 가족과 함께 최소한의 행복을 누리며 살 수 있어야 합니다. 노동자들에게 '법적 조치' '법적 대응' 한다고 협박하면서 기세등등하던 쿠팡도 우리의 목소리를 들을 수밖에 없을 것입니다.

다시 듣는 **노회찬의 목소리**

우리나라가 태형이 없지 않습니까? 저도 태형을 반대하는데, 이 경우를 보면서 필요하다는 생각이 들었습니다. 몹시 쳐라!
―TBS 「김어준의 뉴스공장」, 2018. 7. 12.

이모도
여사님도 아닌

원상혜(가명)
―――――
호텔 룸메이드

화려한 호텔 현관을 지나 건물 모퉁이를 돌면 지하로 들어가는 검품장 입구가 나온다. 호텔에 물건을 납품하는 트럭들이 들고 나는 경고음이 수시로 울리는 통로 한쪽에 차단봉을 세워 만든 좁은 길이 호텔에서 일하는 사람들의 출퇴근길이다.

출근카드를 찍고 나면 트럭에서 내리는 식자재들, 품목을 확인하고, 옮기는 사람들이 복잡하게 얽혀 있는 검품장을 지나고, 세탁물을 담은 커다란 철제 카트들이 덜컹거리며 오가는 사이를 요리조리 피해 더 지하로 내려간다. 지하 탈의실에서 유니폼으로 갈아입고 엘리베이터를 타고 배정받은 층으로 올라간다. 엘리베이터에서 내려 객실에서 사용할 침구류와 각종 용품들이 진열되어 있는 준비실로 간다. 준비실에 있는 객실 현황판을 확인하고, 필요한 물품들을 청소용 철제 카트에 싣고서 호텔 복도로 향하는 문을 열면 하루의 일과가 시작된다.

나는 서울 시내 중심가에 있는 특급호텔에서 룸메이드로 일하고 있다. 흔히 '하우스키핑'이라 불리는 룸메이드는 호텔의 객실을 청소하고 정리하며, 손님이 요구하는 서비스를 가장 근접해서 제공한다. 호텔 소속이 아니라 외부 인력 업체에 고용된 비정규직 파견 직원으로 1년 단위로 회사와 계약한다. 내가 일하는 호텔에는 단기 아르바이트를 포함해서 약 백여명의 룸메이드가 일하고 있는데, 대부분 나와 비슷한 50~60대 여성이다.

오전 9시부터 오후 6시까지 근무하고, 휴게시간 1시간이 포함되어 있지만 늘 시간에 쫓기는 터라 점심도 건너뛰기 일쑤다. 불규칙한 식사 시간 때문에 룸메이드들은 관절염과 함께 위염을 달고 산다. 청소는 하루에 기본으로 10유닛을 할당받는데, 크기에 따라 7~10개의 방을 배정받게 된다. 임금은 숙련도에 따라 조금씩 차이가 있지만 기초시급과 직무수당으로 이루어진 기본급에, 매달 달라지는 중점 정비, 추가 베드 설치 등 몇가지 업무 추가에 따른 수당이 더해지면 최저임금을 조금 웃도는 수준이다.

야간 근무는 담당자가 따로 있고, 휴일 특근은 명절 휴일에만 적용된다. 손님이 정비를 거절하거나, 시간이 부족해서 유닛을 다 채우지 못하면 그만큼 임금에서 차감된다. 정비 관련해서 고객이 불만을 제기해도 깎인다. 방 하나를 청소하는 데 드는 시간은 체크아웃 객실은 1시간, 재실 객실은 30분 정도다. 하지만 본격적으로 바빠지는 시간인 오전 11시에서 오후 3시 사이에 방이 몰려서 열리면 마치 단거리 경주를 하듯이 잠시도 쉴 틈 없이 숨 가쁘게 뛰어다녀야 겨우 기본 유닛을 채울 수 있다. 올여름 같은 때에는 온종일 에어컨이 나오는 곳에서 일하는데도 땀이 주룩주룩 흘러서 저녁이면 유니폼 옷깃과 등에 허옇게 소금꽃이 피어나기 일쑤였다.

서두르다보면 사고가 일어난다. 청소 카트에 부딪히고, 객실 가구에 걸려서 넘어지고, 출입문에 손가락이 끼여서 골절이 되거나, 열어 놓은 서랍이나 문에 부딪혀 머리가 찢어지고, 화장실 청소하다 미끄러져서 고관절 손상을 입는 경우도 있다. 하지만 회사는 사고가 나도 산재 처리를 꺼려한다. 개인 비용으로 치료를 받고 치료가 끝나면 정산해주겠다는 게 회사 입장이다.

이 일을 하면서 고된 노동 강도, 낮은 임금, 유닛 삭감에 대한 불합리함, 이런 것보다 나를 더 힘들게 하는 것은 '여사님'이라는 호칭이다. 이 일을 하는 사람들이 비정규직 중년 여성 노동자들이라는 이유만으로 충분히 숙련된 노동자임에도 불구하고 노동의 가치를 인정받지 못한다고 느끼기 때문이다. 우리 사회에서 비정규직 중년 여성 노동자들은 언제까지 이모나, 고모나, 여사님으로 불려야 할까. 어릴 적, 바둑이와 놀던 철수는 나이가 들어도 여전히 철수지만, 영희는 비정규직이 되어 직함을 잃는 순간 아주 불합리하게 이름도 잃는다. 이모나 고모나 여사님이 되고, 그 노동은 엄마의 손맛, 여사님의 손길이 된다.

존중이 들어가지 않은 '존칭'을 받는 우리 중 누구도 반기지 않는 이 호칭이 비정규직 중년 여성 노동자들의 노동을 주변부 노동 혹은 노동 밖의 노동으로 밀어내고 있다는 반성을 우리 사회가 진지하게 시작했으면 한다. 상혜씨, 상혜님, 혹은 상혜 메이드, 비정규직 중년 여성 노동자인 우리는 이제, 우리의 이름으로 불리고 싶다.

다시 듣는 노회찬의 목소리

가장 즐겨 보는 애독서가 박근혜 대통령의 공약집인 '세상을 바꾸는 약속'이다. 이 책을 다시 찍는다면 '약속을 바꾸는 세상'으로 제목을 바꿔야 한다.

―「김어준의 파파이스」, 2016. 2. 5.

나의 이동권,
나의 운동권

변재원

지체장애인·인권활동가

나는 장애인이다. 기댈 것 없이 설 수 없고, 목발 없이 걸을 수 없고, 방석 없이 앉을 수 없는 장애인. 무엇 없이 서지도, 앉지도, 걷지도 못하는 위태로운 존재다.

오랜 시간 무기력했던 몸이 사회운동을 계기로 활력을 찾았다. '나쁜 장애인'으로 유명한 전장연^{전국장애인차별철폐연대} 박경석 대표를 만나 얼떨결에 활동가가 되면서부터였다. 활동가들은 정거장 앞에 서 있는 장애인들을 태우지 않은 채 떠나는 버스와 기차를 끝없이 마주하며 이동할 권리를 외쳤다. 그러나 철갑을 둘러싼 차들은 눈 하나 꿈쩍하지 않았고, 그 과정에서 내 몸의 통증은 점점 커졌다. 결국 장애인 동지들을 거리에 둔 채 무리에서 먼저 이탈하고 말았다. 몸과 마음은 금세 주눅 들었고 오랜 시간 괴로웠다.

회복이 필요했다. 의사의 조언에 따라 '거리에서의 운동'을 당분간 멈추고 '체육관 운동'을 시작하기로 마음먹었다. 그러나 신체 운동을 하려 해도 수많은 체육시설은 적극적으로 장애인 손님을 꺼리고 있었다. 회원으로 등록하기 위해서는 내가 헬스장에 그 어떤 위해도 끼치지 않는 사람임을 한참 동안 증명해야 했다. 동지들과 버스를 탈 권리를 외칠 때는 부끄럽지 않았지만, 혼자서 체육관에 입장할 권리를 외칠 때는 착잡했고 수모를 느꼈다.

손님, 헬스장 이용하다 다치시면 어떡하게요. 조심히 안 다치게 운동할 수 있어요. 샤워는 어떻게 하시게요. 혼자서 할 수 있어요. 라커룸 사용은요. 탈의실 의자에 앉아 스스로 옷 갈아입을 수 있어요. 그래도 위험할 텐데요. 안 위험해요. 이런 식의 끝없는 우려 섞인 실랑이를 반복해야 간신히 입장할 수 있었다. 나와 비슷한 처지에 놓인 주변 장애인 친구들도 마찬가지였다. 저마다의 소중한 운동장으로부터 쫓겨나지 않기 위해 고군분투하고 있었다.

옥신각신 끝에 운동을 시작하게 된 첫날이었다. 움직이다 넘어지거나 다치면 어떡하나 걱정하는 타인들의 시선을 한 몸에 안은 채였다. 한참 서성이다 구석에 놓인 로잉머신 좌석에 앉아보았다. 장애를 가진 불

청객이라 생각하니 누군가를 붙잡고 기구 작동법을 물어보는 것도 도무지 엄두가 나지 않았다. 온통 눈치 보이는 낯선 공간 안에서 배움 없이 다룰 수 있는 기구라고는 그것밖에 없었다. 키를 당긴다. 키를 놓는다. 두 동작을 슬렁슬렁 어색하게 반복하였다. 얼마 전까지 거리에서 시끄럽다 핀잔 듣던 장애인은 이 체육관에서는 가장 조용한 존재였다.

그렇게 하루, 열흘, 한달, 반년. 체육관을 들락날락하며 집채만 한 몸들 사이에서 작고 휘어진 나의 몸을 가꾸었다. 그사이 체육관의 분위기는 알게 모르게 조금씩 변해갔다. 나는 그곳에서 내 몸의 변화보다 사람들의 변화를 더 크게 인식했다. 언젠가부터 나를 힐끗 쳐다보다가 "이렇게 자세를 잡으면 다쳐요" 하며 운동 자세를 교정하는 조언을 듣게 되었고, "오늘도 운동을 왔네? 요즘 열심이야"라고 덕담하는 친절한 아저씨 친구도 만났다. 나를 어색해하던 데스크 직원은 "68번 사물함은 높지 않죠?"라고 물으며 키 작은 장애인이 닿을 만한 낮은 위치의 사물함을 배정해주었다. 어느새 장애인과 비장애인이 함께 운동하는 일상이 체육관의 새로운 문화로 자연스럽게 정착하고 있었다.

소박한 공간에서 함께 땀 흘리는 존재가 된다는 것의 기쁨. 지난 5년간의 '사회 운동'과 '신체 운동'이

일러준 값진 교훈이다. 함께 어울리며 애써 투명하게 살지 않아도 된다는 생각이 들 때의 안정감은 이루 말할 수 없다. 두 운동을 통해 나는 더이상 장애로 인한 몸과 처지를 비관적으로 생각하거나 부끄럽다 여기지 않는다.

사회를 바꾸고, 나를 가꾸자. '신체 운동'은 나를 사랑하는 방법을, '사회 운동'은 너를 사랑하는 법을 감각하고 꿈꿀 수 있게 한다. 두 운동을 함께 할 때 우리는 가장 개인적인 문제와 가장 사회적인 문제가 서로 다른 문제가 아니라 모두 얽혀 있음을 알 수 있다. 사회의 '이동권'을 지키기 위해 600일 넘게 지하철 아래를 향하던 장애인 활동가가 꼬박꼬박 저녁마다 운동기구 앞에서 나를 위한 '운동권'을 지켜가듯, 나를 향한 운동과 우리를 향한 운동이 함께하는 사회가 되길 바란다. 두 운동장에서 몸 부딪히며 땀 흘리기를 주저하지 않는 이들이 많아진다면, 차별 없이 사랑하고 진솔하게 이해하는 모습은 일상이 될 것이다.

다시 듣는 **노회찬의 목소리**

학교 앞에 즐겨 다니던 분식집 사장이 구청에 소환되니까, 일부 학생이 수업을 거부한 것.

―김장겸 전 MBC 사장의 체포영장이 발부되자
국회 일정을 보이콧한 자유한국당을 향해.

'닭강정'이 아니라
'작감정'이요

―――――――
서윤경
약국 파트타임 직원

    결혼하고 20년 넘게 전업주부로 살던 나는 두 아이를 키우며 호시탐탐 사회로 나갈 궁리를 했다. 하지만 그때마다 이런저런 일로 사회에 나갈 방도는 생기지 않았고 어느덧 쉰을 넘긴 나이가 됐다. 그렇다고 집에만 있을 수는 없는 노릇. 누군가의 아내, 아이들의 엄마로 살아온 25년이다. 이제부터는 내 이름으로 활동하는 주체적인 삶을 살고 싶었다. 20대 때의 회사 경력이 단절된 나는 사회에 다시 나가는 게 무척이나 어렵게 느껴졌다. 내 성격과 적성에 맞는 일을 찾고 싶었다.

    일하고 싶었던 약국에 아르바이트 지원을 했다. 감사하게도 면접 기회가 주어졌고 면접이 끝나갈 무렵 언제부터 출근할 수 있냐는 말을 듣고 가슴이 뛰었다. 일을 해도 티가 나지 않는 집안일과 달리 약국에서의 일은 또다른 즐거움과 보람이 있었다. 집안일을 어느 정도 해놓고 오후에 파트타임으로 출근할 곳이 있다는 것도 좋았다.

나는 주 5회 하루 네시간 정도 약국에서 일한다. 약국에는 약을 짓고 복약 지도하는 약사들, 약이 떨어지지 않게 물량을 주문하고 재고를 관리하며 약국 살림을 담당하는 풀타임 직원들, 그리고 약사들의 일을 보조하는 파트타임 직원들이 있다. 파트타임 일을 흔히 약국 알바라고 말한다.

내게 처음 맡겨진 일은 시럽이었다. 처방 스티커가 나오면 투약 병에 스티커를 붙이고 해당 시럽을 용량에 맞게 따르는 일이었다. 이제는 시럽뿐만 아니라 처방전 입력, 일반 약 판매와 결제, 약장 채우기, 약 포장지 준비 등 하는 일이 늘었다. 일이 익숙해진 덕분인지 눈앞에 일이 보이면 바로 처리할 수 있게 됐다. 처음에는 잘 몰랐던 많은 약의 이름을 알게 되었다. 새로운 약이 들어오면 약 이름과 기본 효능 정도는 알아두려고 한다. 약은 처방전에 나온 대로 정확하게 나가는 게 중요하다. 다양한 약들을 챙겨야 하므로 꼼꼼하게 약의 위치나 이름 등을 미리미리 암기해놓으면 좋다.

재밌는 점은 약의 이름이 지어지는 방식이었다. 쓰임에 맞춰, 기억하게 좋게 약의 이름이 지어졌다. 약

손님이 '작감정'을 달라고 하셨는데,
"네? 닭강정이요?"라고 되물어서
약국이 웃음바다가 됐다.

이름을 잘 모를 때 한번은 이런 일이 있었다. 손님이 '작감정'을 달라고 하셨는데, "네? 닭강정이요?"라고 되물어서 약국이 웃음바다가 됐다.

50여년 동안 소비자로서 약국을 드나들며 느꼈던 약국의 느낌은 평온하고 친절하며 물 흐르듯 편안해 보였다. 그러나 약국 보조로 일하며 조제실 안이 이렇게 바쁘고 할 일이 많은 곳이었는지 처음 알게 됐다. 힘든 점이라고 하면 역시나 쉴 틈 없이 밀려드는 처방전들이다. 바쁠 때는 화장실 가는 것도 잊고 물 마실 시간도 없이 모두가 눈코 뜰 새 없이 정신을 바짝 차리고 일사불란하게 움직여 한건 한건 처리해나간다. 약국 안을 가득 메우고 있던 손님들이 모두 약을 처방받아 가고 한두분 남았을 때가 돼야 겨우 숨을 돌린다.

우리 약국에는 총 아홉명이 일한다. 서로 돌아가며 출근 시간을 달리해 일하는데 20대부터 50대까지 다양한 연령대다. 50대인 나는 젊은 분들과 함께 일하는 즐거움이 크다. 또 하나의 즐거움은 아기 손님들이다. 요새는 길을 가다가 유아차에 탄 아기들을 만나는 게 쉽지 않다. 같은 건물에 소아과 병원이 있는 약국이다 보니 아기 손님들이 많이 온다. 손을 흔들며 약국 안으로 들어오는 아기들을 보면 천연 비타민이 따로 없다.

약국이라는 곳이 생로병사를 가까이서 지켜볼 수

있는 곳이라는 걸 느꼈다. 오랫동안 근무한 약사님들은 오랜 단골손님 중에 어릴 적부터 다니던 아이들이 중고등학생이 되거나 군대에 가고, 어르신들은 하루가 다르게 나이 드심이 보이고 가끔은 돌아가셨다는 소식을 손님 가족들에게서 듣게 된다고 했다.

우리 약국은 참 바쁘지만, 친절하다. 약도 정말 빠르게 나온다. 근무자가 여유 있게 배치돼서이기도 하겠지만, 약국 분위기가 쾌활하고 태도는 친절하며 응대 또한 빠르다. 약국도 하나의 작은 사회다. 약을 준비하는 손이 정신없이 바쁜 날도 있지만, 함께 일하는 사람들의 존중과 배려, 협동이 있어 바쁜 날도 웃으며 일할 수 있다. 각자의 자리에서 맡은 일을 하되 자기 일이 아니어도 서로 도와가며 정확하고 신속하게 약이 나갈 수 있게 하는 흐름이 중요하다. 한마디로 손발이 맞으면 바쁜 날도 순조롭게 일이 진행된다. 이처럼 작은 이해가 큰 차이를 만든다.

다시 듣는 **노회찬의 목소리**

지난 20년간 우리나라 민주주의는 점진적으로 발전해왔다고 생각합니다. 특히 지난 10년간 많은 발전이 있었습니다. 단, 최근 1년 6개월은 빼고.

— MBC 「100분 토론」, 2009.11.19. 이명박정부를 비판하며.

쪽가위를 들던 손,
피켓을 들다

전소영

재봉사·화섬식품노조 서울봉제인지회 대의원

6월 1일 뜨거운 오후였다. DDP^{동대문디자인플라자} 앞에 꽤 많은 사람이 모여들었다. 멀리서도 눈에 띄는 노랑과 파랑의 피켓에는 굵고 큰 글씨로 '4대보험 일부지원 요구' '공정임금·공정단가 전수조사' '봉제인 실업수당 지급' '사업자·노동자·정부 3자 상설합의기구 설치' '봉제종사자 노동이력증빙제 도입' 등 봉제인 5대 요구가 적혀 있다.

나도 그렇고, 이날 모인 200여명의 봉제인들 대부분은 생애 첫 집회다. 손가락에는 늘 잡던 쪽가위와 원단 대신에 피켓을 들고, 매일 듣는 라디오와 '미싱' 소리 대신에 사회자의 구호에 맞춰서 5대 요구안을 서울시를 향해 목청껏 외쳤다. 초여름 햇볕에 달구어진 아스팔트 바닥만큼 마음속에서 뜨거운 뭉클함이 올라왔다. 옆자리의 동료도 손수건으로 눈물을 훔쳤다.

내가 일하는 곳을 '우리 회사'라고 하기는 애매하다. 숙녀복 바지를 전문으로 제작하는 봉제공장이다. 원단 재단은 재단사가 하고, 옷의 형태가 나오기까지 미싱기계로 꿰매는 일은 재봉사가 하는데, 재봉사인 나는 오전 9시에 출근해 저녁 7시 퇴근한다. 점심시간 40분을 제외하고는 휴식시간이 없다. 화장실에 다녀오면서 잠깐씩 하는 스트레칭 정도가 유일한 휴식이랄까. 급여는 일당제다. 봉제 일은 월급제, 일당제, 옷을 만드는 개수대로 받는 개수임금제가 있다. 대부분이 일당제 아니면 개수임금제다.

'우리 회사'에 다니지 않는 내게 누군가 무슨 일을 하느냐고 물으면, 옷 만드는 일을 한다고 답한다. 그들 대부분은 '기술자라서 너무 좋겠다. 노년에도 건강하면 할 수 있으니'라고 하는데…… 봉제 일 자체는 멋진 프로페셔널 평생기술직이겠으나 프로는 페이로 자신의 가치를 증명한다고 하지 않는가. 현재의 봉제 현장은 1970년대와 다를 바 없는 임금체계와 공임으로 전혀 프로페셔널하지 않다. 열악한 환경 탓에 신규 인력이 유입되지 않아 50대인 내가 막내뻘이며 봉제계의 '아이돌'이다.

'우리 회사'라고 할 수 있는 곳에서 일하지 않고,

손가락에는 늘 잡던 쪽가위와 원단 대신에
피켓을 들고, 매일 듣는 라디오와 '미싱' 소리 대신에
사회자의 구호에 맞춰서 5대 요구안을
서울시를 향해 목청껏 외쳤다.

ⓒ필자 제공

전문기술직도 아니지만 나는 계속 노동하고 있다. 미싱 모터가 돌아가며 한땀 한땀 박히는 바늘땀만큼 마음을 다해 옷을 잇고, 소복이 쌓인 원단의 먼지같이 깊은 세월 연마한 기술로 35년째 매일 옷을 짓는다.

패션 대한민국의 위상은 주문한 원단이 오전에 공장에 도착하면 그날 오후 6시까지 제작을 마쳐 출고까지 하는 시스템으로 가능했다. 여기에 공헌했다는 자부심을 갖기에는 민망하지만, 그래도 내가 만든 옷을 입고 경기를 뛰는 국가대표 선수를 볼 때는 저절로 환호와 박수가 나오고, 멋진 연예인들이 내가 만든 옷을 입으면 가슴이 설레고 어깨가 으쓱해진다. 거리에서 평범한 이들이 내가 만든 옷을 입고 다니는 모습을 마주할 때의 기쁨도 남다르다.

그런데 나의 노동 이력은 증명할 방법이 없다. 코로나19로 생활이 어려울 때도 분명 직장을 다녔고, 수십년에 이르는 긴 노동 이력에도 불구하고 재직증명서 한장 뗄 수 없다. 4대보험 미가입자에게 직장인 대출을 해주는 은행은 어디에도 없었다. 허탈하고 참담했다. 비록 실낱같았지만 내 직업의 자부심을 무너뜨리기에 충분했고, 그때 처음으로 전업을 염두에 두고 요양보호사 자격증을 땄다. 억울한 생각도 들었다. 한 업계에서 이토록 오랫동안 일해온 사실을 증빙할 수 없어서 국가의 긴급지원은커녕 은행의 직장인 대출도 받기 어려운 현실이 과연 정상인가.

봉제인 모두가 잘못된 현실을 알고 있지만, 바꿀 방법을 몰라 묵묵히 참고 견뎌냈다. 하지만 이런 시간을 뒤로하고 6월 1일 드디어 한자리에 모인 것이다. '서울봉제인지회'라는 단체가 먼저 방법을 제안하고, 참여할 기회를 마련했다. 처음으로 집회를 하면서 아직 늦지 않았다는 희망을 가졌다. 모두가 전태일다리까지 행진하고 우리의 요구를 적은 리본을 달았다. 봉제인 모두 이런 행사는 처음이라서 신기하고 재밌어하며 뿌듯해했다. 우리의 목소리에 서울시가 귀 기울이고 적극적으로 나서주기를 바란다. 서울시에는 올해 제정된 패션봉제산업 육성 및 지원 조례가 있다. 봉제인을 배제하고 패션봉제산업을 어떻게 육성한다는 말인가. 봉제인이 자긍심을 느끼며 일할 수 있는 제대로 된 정책이 나오고, 작업 환경이 개선되기를 꿈꾸며, 오늘 아침도 출근길 첫발을 내디딘다.

> **다시 듣는 노회찬의 목소리**
>
> 통큰치킨? 몸무게 100킬로그램대의 헤비급 선수가 50킬로그램도 안 되는 플라이급 경기에 뛰어드는 것을 '통큰복싱'이라 부르지 않습니다. 그것은 반칙도 아니고 폭력일 뿐입니다.
>
> ―노회찬 트위터, 2010.12.10.

그리고 쓰고
일하고 버틴다

제소라

읽고 쓰고 그리는 예술노동자

　매해 연말과 연초가 되면 마음이 다급해진다. 예술 관련 공공기관의 창작 지원 마감일이 모두 이때 몰려 있기 때문이다. 많지 않은 활동비를 얻기 위해 주변 예술인들은 다들 '영혼을 갈아가며' 지원서를 작성한다. 지원서엔 작가로서의 예술관, 그동안의 작업과 예술 활동에서의 성취, 이번 지원금으로 하게 될 작업의 예술적·사회적 기대효과를 작성해야 한다. 거기에 공공기관의 예술 지원 사업에 대해 비판적이지만 애정어린 관점을 더하면 더 좋다.

　마흔 중반에서 쉰이 되는 동안 예술 관련 사업에 지원하여 활동하고 작업했지만, 사실 예술 작업과 관련 활동이 생계를 해결해주진 못한다. 그러나 이런 활동과 작업마저 없다면 예술가라는 명함, 작가라는 존재 증명을 사회 시스템에, 더 정확히는 문화예술 공공기관에 하지 못한다. 나는 예술 장르마저 애매하다. 미대에서 동양화를 공부했지만 전시 그룹에 속한 것도 아니고, 전시로 작업을 발표하는 화가는 아니다. 예술인복지재단의 예술인 증명을 오래전 출간한 그림책으로 받았으니, 일러스트레이터인지 아니면 순수 미술 작가인지, 요즘은 글과 그림을 잡지에 연재하고 있으니 글도 되고 그림도 되는 작가인지, 내 정체성을 나도 잘 모르겠다. 작년엔 그림 작업이 아닌 어린이 교구 설명서에 들어가는 동시를 쓰고 페미니즘의 관점으로 옛이야기를 다시 써서 고료를 받았다.

그래서인지 최근 몇년은 창작 지원과 예술 활동 지원 사업에서 번번이 떨어졌다. 의기소침하지만 언제까지 예술 지원 사업에 기댈 수 없는 노릇이다. 삼사십대의 작가들 틈에서 심의를 받을 땐, 젊은 작가에게 갈 지원금에 늙수그레한 선배가 주책없게 끼어들어 욕심을 내는 건 아닌가 하는 생각도 들었다. 원로 작가를 위한 창작 지원도 있지만, 그건 십년 정도 더 기다려야 한다. 어중간하게 늙은 나는 올해 모든 예술 활동과 창작 지원을 하지 않기로 했다. 물론 그렇다고 다른 방안이나 생계 수단이 나를 기다리는 것은 아니다.

나의 가장 오랜 생계 수단은 아이들에게 그림을

가르치는 일이었다. 그런데 마흔이 넘어가자 사설학원에서는 더는 나를 쓰지 않았다. 강사로 일하기엔 나이가 많다고 학원장들이 말했다. 그렇다고 생판 다른 일은 구할 수 없어서, 알음알음 알아본 공공기관과 지방자치단체 평생교육원에서 미술 강사로 일하기도 하고, 지금은 어른을 위한 드로잉 강좌를 열고 있다. 부정기적으로 하는 강습 역시 생계를 해결해주진 못한다. 작업을 하면서 할 수 있는 안정적인 일자리를 구하려고 몇년 전에는 꽤 긴 시간과 돈을 들여 사회복지사 2급 자격증을 땄다. 젠더폭력 상담원 교육도 받았다. 시민단체 활동가인 친구는 나에게 정말 단체에서 일할 수 있냐고, 그럼 작업은 어떻게 하냐고 했다. 나는 몇년 작업 좀 못한다고 큰일 나는 것도 아니고, 좋은 작업은 세상의 여러 경험에서 나오는 거라고 호기롭게 말했다. 단체에서 일하진 못했지만 이 생각에는 변함없다.

    나를 포함한 많은 작가들이 자신의 예술 작품을 팔아 생계를 해결하지 못한다. 나와 동갑인 한 작가는 청소 노동을 했다. 가끔 생각한다. 계속 벌이가 시원찮다면 나도 청소 노동이든 요양보호사든 일을 찾아야 할까? 절대 그 일이 쉬워서가 아니라 중년 여성에게 열린 일자리는 청소 노동이거나, 식당 서빙, 장애인이나 노인을 돌보는 노동 등이기 때문이다.

만약 나의 예술이 세상과 맞닿아 생기롭다면,
내가 조금이라도 나은 예술가, 창작자라면
그건 밥 버는 노동의 경험 때문이다.

나는 그림 그리고 글을 쓰며 예술과 관련한 일, 관련 없는 일을 오가며 일하는 노동자이고, 제도 밖 문화예술 강사이다. 나에게 밥이 되어준 노동은 연차를 더해가지만 시장에서의 가치는 높아지지 않는다. 주변 사람들은 나에게 예술가라고 아름답고 귀한 재능이 부럽다고 하는데, 귀한 재능을 가진 예술가가 어떻게 먹고사는지에는 별 관심이 없다. 중간중간 쉬어가는 틈이 있긴 했지만, 학교를 졸업한 이후 일을 쉬어본 적이 없다. 예술 작업만으로 생계를 유지할 수 없으니, 이렇게 저렇게 메뚜기처럼 밥벌이를 찾아 뛰어다닌다.

예술은 작업실에 은둔한다고 나오지 않는다. 예술 작업이든 밥벌이를 위한 생계 노동이든 삶을 꾸리는 모든 행위가 내 예술의 근원이 된다. 단 한번도 내 미래가 불안하지 않은 적이 없었지만, 불안과 함께 내가 할 수 있는 일을 한다. 그건 적더라도 돈을 버는 일과 그림을 그리는 것이었다. 만약 나의 예술이 세상과 맞닿아 생기롭다면, 내가 조금이라도 나은 예술가, 창작자라면 그건 밥 버는 노동의 경험 때문이다.

> 다시 듣는 **노희찬의 목소리**
>
> 박근혜 대통령 대선 공약 중에 안 지키고 있는 것들만 공약으로 하겠습니다. 진짜 '진박'이 되려면 이 정도는 해야 합니다.
> ―「김어준의 파파이스」, 2016. 2. 5.

또다른 나그네를 찾아서

김용극

홈리스 아웃리치 상담활동가

햇수로 7년째이다. 나는 '홈리스'를 상대로 거리에서 상담 활동을 한다. 거리의 노숙인은 정보 접근성이 떨어지는 탓에 적극적으로 먼저 찾아가 도움을 주는 아웃리치outreach 봉사활동이 필요하다. 물론 이런 복지서비스를 제공하는 기관들이 없지는 않다. 그러나 관련 업무를 하는 분들과 노숙인의 간격을 체감상 좁혀나가는 매개 노동이 필요하다. 아웃리치 상담원들이 공식적으로 하는 일은 거리에서의 위기 상황 발견 및 조치, 시에서 제공하는 복지서비스나 노숙인종합지원센터 이용과 관련된 정보 안내 등이다.

아웃리치 상담 활동가는 다양한 사연을 지닌 사람들을 많이 만난다. 서울역 인근은 특히 그렇다. 그곳엔 비단 우리 국적의 노숙인뿐만 아니라 여러 나라 출신의 노숙인이 제법 많다. 이른바 '코리안 드림'이라는 꿈을 안고 한국에 찾아온 이들이다. 그들 중 일부는 녹록지 않은 현실과 싸우다 이슬 피할 곳조차 찾지 못해 노숙 현장으로 내몰린다.

상담 활동을 처음 시작했을 즈음, 재일동포 출신의 여성 홈리스를 만났다. 한국어로 소통이 되지 않는 분이었다. 일천하지만 일본어 회화가 가능했던 내가 통역 및 상담을 맡게 되었다. 그녀는 재외국민 신분을 포기하고 한국으로 영주귀국을 원하고 있었다. 70대의 고령이었고, 여권을 비롯해 본인을 증명할 어떤 신분증도 가지고 있지 않은 상태였다. 일본으로 되돌아가기 싫어서 찢어버렸다고 했다. 귀국을 거듭 권유했지만, 끝내 거절했다. 자기증명을 훼손하기까지 수많은 고통이 그녀를 관통했을 것이다. 본인 결심대로 영주귀국 절차를 도울 수밖에 없었다. 경찰의 도움으로 지문을 찍어 신분 확인을 했고, 찢어버린 여권은 분실신고했다. 신분증 재발급을 위해 주민센터를 오가고, 외교부 여권과를 드나들며 제반 서류 작성을 도왔다. 임시 주소지를 노숙인종합지원센터 쪽으로 옮기고 기초생활수급자 지정을 위해 주민센터 상담 통역을 했다. 다행히 영주귀국이 확정되었다. 수급자로 지정된 뒤에는 주민센터 사회복지담당 공무원을 통해 한국 생활에 적응할 수 있도록 도왔다.

최근에는 일본 국적의 한 남성 노숙인을 만났다. 한류의 영향이었을까. 그는 한국 생활에 대한 막연한 기대감 같은 것을 품고 있었다. 그러나 언어 소통이 되지 않은 탓에 무언가를 시도하기가 쉽지 않았던 모양이다. 귀화하지 않은 순수 일본인이었으므로 인도적 차원의 지원 외에 제도적 도움을 줄 수 있는 방법이 전무했다. 그분에게 자신이 처한 상황에 관해 설명했다. 일본대사관을 통해 귀국을 권유하는 것 외에는 달리 도울 방법이 없다고. 안타까워하며 상담하는 내 모습을 보고 누군가 말했던 것 같다. "우리나라에 세금 한푼 안 내는 외국인 노숙자를 왜 그렇게 도우려고 해요?" 나는 그 말에 내가 가진 믿음을 들어 답할 수밖에 없었다. "우리도 누군가의 도움이 아니었다면, 그저 나그네 같은 존재들이었을 테니까요."

외국 국적의 홈리스들은 이 땅에 온 나그네 중에서도 나그네라고 할 수 있다. 거리에서 발견된 위기 상황을 보고도 그냥 넘어가는 것은 아웃리치 상담 활동가에게는 직무유기와 같다. 국적을 막론하고 이야기를 경청하고, 도울 수 있는 길을 알아보고, 이에 관한 정보를 동원해 도와야 한다. 결국 이 일본인 남성 홈리스는 귀국을 거부하고 자신의 길을 찾겠다며 나와의 인

아웃리치 상담 활동가는
다양한 사연을 지닌 사람들을 많이 만난다.
서울역 인근은 특히 그렇다.
그곳엔 비단 우리 국적의 노숙인뿐만 아니라
여러 나라 출신의 노숙인이 제법 많다.

ⓒ필자 제공

연을 일단락 지었다. 그의 선택을 지지하며 상담을 끝마칠 수밖에 없었다.

7년여간의 활동 속에서 수없이 많은 홈리스의 삶과 죽음을 목도해왔다. 그 다난한 삶과 조용한 죽음 속에는 그들이 말하고자 했던 이야기, 삶에 대한 의지, 살아가고자 했던 열망이 숨겨져 있다. 홈리스 현장의 최전선을 담당하고 있는 나 같은 아웃리치 상담원들은 거리의 일터로 나서며, 그 의지와 열망이 밀려난 가장자리를 찾아서 활동한다. 그곳에서 만난 분들에게 삶을 향한 충동들을 발견하며, 이를 다시 세상에 나아가는 데 사용할 수 있도록 보이지 않는 곳에서 돕는다.

밝은 곳이 아닌 어두운 곳으로, 주인공이 아닌 나그네들이 사는 곳으로, 국적과 성별, 건강과 나이가 다른 이들이 끝내 밀려난 곳으로, 나는 또다른 나그네를 찾아 나선다. 가장자리의 가장자리를 향해 나아간다.

다시 듣는 **노회찬의 목소리**

정치보복 당한 것은 본인이 아니라 압도적 표차로 그를 뽑아준 국민입니다.

―노회찬 트위터, 2018. 3. 13.

툭툭,
지식의 먼지 위에 서다

김정임

물류업 종사자

　우리 회사는 몸으로 일하는 곳이다. 거래처의 물건을 위탁 관리하며 출고 주문이 오면 물건을 찾아서 포장한 뒤 서점으로 배달하거나 개인 택배 발송을 하는 물류센터이다. 파주출판도시로 인해 출판사가 많은 지역 특성답게 주 종목이 책이고, 수험서 택배 발송이 주 업무이자 수입원이다.

　우리가 보고 만지고 읽는, 지식의 보고이자 마음의 울림을 주는 책이 우리 현장에서는 그냥 물건일 뿐이다. 크고 두껍고 무거우면 '어이구' 소리가 절로 나오는 짐덩어리다. 그런데 "도서 물류업을 해요" 하고 나를 소개하면 왠지 다른 물류업보다 좀더 나은 일을 하는 듯한 우쭐한 기분이 든다.

　이른 아침 사장님이 가장 먼저 회사에 나와 문을

열고 주변 정리를 하면 오전 여덟시부터 직원들이 출근한다. 사무실 프린터에서 주문서와 택배 송장이 쉼 없이 쏟아져 나오며 하루의 시작을 알린다. 제작된 도서를 실은 큰 차가 수시로 회사 마당에 도착하면, 지게차가 오가며 물건을 내리고 들인다. 늘 안전사고에 주의해야 한다. 사람 몸을 다치지 않게 신경 써야 한다.

주문서대로 물건을 찾아서 스캔 검수 후 포장하는 일은 단순하지만 조금만 주의력이 흩어지면 택배 송장을 바꿔 부착하는 등의 실수로 이어진다. 출고 작업량은 상황별, 이슈별, 시즌별 다양한 변수에 따라 달라지기 때문에 불규칙하다. 그날의 출고 주문은 그날 모두 마쳐야 한다. 오늘 일을 내일로 미룰 수가 없다. 고객사와의 약속이기 때문이다. 우리 회사 업무에서 가장 중요한 것은 어떠한 상황에도 마감을 해내는 책임감과 직원들의 업무 숙련도 그리고 팀워크다. 인공지능도 로봇도 대체할 수 없는, 오직 사람의 몸으로 해야 하는 일이기 때문이다.

책을 스캔하고 상자 포장을 하다보면 책 먼지, 상자 먼지를 온몸에 뒤집어쓴다. 먼지뿐만 아니라, 몸으로 일하기 때문에 팔, 다리, 허리, 온몸이 쑤시고 아픈 건 당연지사다. 작업을 마치고 장갑을 벗어 온몸을 툭툭 치면서 먼지를 털다가 문득 부모님 생각이 났다. 내 모습을 보면 뭐라고 하실까? 부모님은 평생 시골살이를 하시면서 과수원 농사, 텃밭을 일구셨다. 농사라는 게 말 그대로 오롯이 몸으로 해야 하는 일이다. 들일을 마치고 집에 오시면 현관 밖에서 장갑이나 수건으로 온몸의 먼지를 털어내셨다. 집 안에서 숙제를 하다가도 툭툭 옷 터는 소리가 나면 밖을 내다보곤 했다.

툭툭 먼지 터는 소리. 내가 온몸으로 일하고 있다는 그 소리에 마음 한곳이 저릿해진다. 엄마에게 나는 당신의 꿈이자 기쁨이었다. 엄마를 위해 내가 할 수 있는 건 말 잘 듣고, 공부 열심히 해서 기쁨을 드리는 일뿐이라고 생각했다. 그러다보니 내가 어떤 사람인지 고민하기보다는 엄마의 기쁨을 위해 공부하는 딸, 남이 볼 때 착한 딸이 되려고 노력했다. 시골 살림에 비싼 4년제 사립대학 등록금을 대주셨지만, 대학에 가서 나는 흔들리고 방황하며 여기저기 기웃대기만 했다. 졸업 후에는 그저 그런 직장들을 다니다가 서른살에 결혼했다. 남편은 고등학교 졸업 뒤 밑바닥 현장에서부터 일해온 사람이었다. 인생에 대해 자신이 없고 불안했던 나는 확신 있고 추진력 있는 그에게 끌렸다.

5년 전 남편은 20년 직장 경험을 살려 파주 외곽의 공기 좋은 시골에서 물류 사업을 시작했다. 몸으로 일하는 만큼 직원들이 불편한 건 없는지 아픈 곳은 없

ⓒ필자 제공

작업을 마치고 장갑을 벗어 온몸을 툭툭 치면서
먼지를 털다가 문득 부모님 생각이 났다.
내 모습을 보면 뭐라고 하실까?

는지 염려하며 일하고 있다. 온몸으로 일하다보면 당당하고 정직하게 살고 있다는 생각이 들어 기분이 좋을 때가 많다. "열심히 살고 있어요, 정말 행복해요"라고 말씀드려도, 먼지를 잔뜩 뒤집어쓴 모습이나 여기저기 아파하며 끙끙대는 내 모습을 보면 부모님은 속상해하실지도 모르겠다.

우리 딸은 나처럼 옷에 먼지 묻는 일을 하지 않기를 기대하셨을까 하는 생각에 가끔은 마음 한편이 저리기도 하다. 어쩌면 길었던 이십대의 방황에 대한 죄송한 마음과 나의 자격지심일 것이다. 부모님은 늘 그렇듯 그저 자식이 건강하고 행복하기만을 기도하실 텐데 말이다.

누군가의 소중한 자산을 관리해주고, 그것을 필요로 하는 누군가에게 안전하게 보내주는 나의 일. 먼지를 뒤집어쓰고 몸에 훈장처럼 근육통을 안고 사는 일이지만, 꼭 필요한 일이라고 생각하며 즐거운 현장을 가꾸기 위해 오늘도 나는 달린다.

> 다시 듣는 **노회찬의 목소리**
>
> 대통령이 국민의 마음을 얻는 데 관심이 없으면 어디에 관심이 있는지, 다른 나라 국민의 인심을 얻겠다는 건지, 도대체 그 관심이 어디에 있는 건지 몹시 궁금합니다.
> ─MBC「100분 토론」, 2009. 11. 19.

적자로 계산되는
간호사의 하루

신미선
간호사

나의 간호사 인생은 시작할 때부터 지금까지 예상치 못한 일들의 연속이었다. 10년 전에 들어간 첫 직장은 서울 대형 병원으로 산부인과에 지원했다. 생명이 시작되는 순간을 함께하고 싶었다. 그러나 암 환자가 대부분인 부인과 여성 암 병동에 배치돼 수많은 임종을 함께했다. 극심한 스트레스에 시달리며 1년간 생리가 나오지 않았다. 동기들도 비슷한 증상이 있었다. 신규 간호사가 겪는 일종의 증후군이었다. 시간이 지나 생리를 했지만 문제가 있었다. 화장실을 갈 짬이 없어서 때로는 바지에 피를 흘려가며 일했다. 일이 너무 많아서 부끄러워할 겨를도 없었다.

10년이 지난 현재 지방 공공병원에서 4년째 일하고 있다. 나와 내 동료는 WHO세계보건기구가 발암물질로 지정한 교대근무를 하면서, 수많은 감염병에 노출되어 있지만 여전히 휴식시간이 보장되지 않는다. 자주 끼니를 거르며 일한다. 너무 오래 서 있어서 생기는 하지정맥류나 화장실을 가지 못해 생기는 방광염, 불규칙적 생활로 생기는 위염이나 불면증, 환자를 옮기다 생기는 근골격계 질환은 흔한 직업병이다. 환자의 치매나 섬망 증상으로 인해 위험한 상황이 생긴다. 우리는 폭행, 폭언, 성희롱에 너무 쉽게 노출된다. 하지만 아파도 선뜻 쉬기가 어렵다. 간호사는 여유 인력이 없어서 누군가 병가에 들어가면 다른 간호사가 쉬는 날을 반납하고 나와야 한다. 우리 간호사들은 서로서로 대체해가며 일한다.

현 의료보험 시스템은 일부 질병군의 포괄수가제_{미리 정해진 일정액의 진료비를 지불}를 제외하고, 대부분의 의료행위에 대해 행위별 수가제_{의료 서비스별로 수가를 정하여 진료비를 지불}를 채택하고 있다. 나도 근무마다 환자에게 사용한 재료대나 의료행위에 대한 수가를 전산에 입력하는 작업을 한다. 간호 행위에 대한 수가는 거의 산정되지 않아 수익이 발생하지 않는다. 그래서 병원 입장에서는 간호사의 노동보다는 자판기 커피가 더 많은 가치를 생산할지도 모른다. 간호사는 많을수록 적자가 되는 존재이기 때문에 최소 인력이 있는 것이 당연시된다.

간호대학의 증원으로 매년 간호사가 쏟아져 나오고 있다. 아프고 소진된 간호사는 언제든지 소모품처럼 대체된다. 베테랑 간호사가 신규 간호사로 대체된다면 병원 입장에서는 인력 비용을 줄일 수 있어서 이득이다. 그래서 현장은 바뀌지 않고 연차가 있는 간호사는 병원을 떠난다.

대형 병원은 비용 문제로 정규직 의사 또한 충분히 뽑지 않기에, 정규직 의사의 업무가 비정규직 의사인 전공의인턴과 레지던트에게 온다. 과로에 시달리는 인턴과 레지던트의 업무는 다시 간호사에게 온다. 임상병리사의 일도, 방사선사의 일도 인력 부족을 이유로 때로는 간호사에게 온다. 간호사는 병동에서 환자를 돌봐야 하지만 약물 운반이나 검체 이송을 하는 경우도 있다. 간호사의 일이 넘치면 간호사의 일은 다시 간병인이나 보호자에게로 간다. 나는 매일 환자와 보호자에게 "저희 같은 일반 병동 간호사는 많으면 스무명 넘는 환자를 담당하고 있어서 모든 것을 다 도와드릴 순 없어요. 환자분 같은 경우는 간병인이나 보호자가 꼭 상주하셔야 해요"라며 양해를 구한다.

나는 여유가 있다면 한번이라도 더 환자에게 다가가 '직접 간호' 시간을 늘린다. 직접 간호란 환자와 직접 접촉하며 이루어지는 간호를 말한다. 간접 간호는 환자와 직접 접촉하지 않지만, 투약 준비, 처방 확인, 기록 등 전산 업무로 근무시간 내에 해야 하는 일들이다. 직접 간호 시간이 늘어나면 환자를 가까이서 자세히 볼 수 있기에 환자 상태 변화를 빠르게 알 수 있고, 보호자나 간병인에게 위임했던 업무를 직접 할 수 있다. 무엇보다 환자들이 자신의 요구를 쉽게 말할 수 있다. 치료 과정에 대한 자세한 설명도 가능하다. 나는 병원에서 가장 약자인 환자의 존엄성이 지켜지는 순간은 의료인이 따뜻하게 설명하고 반응하며 눈을 맞춰주는 때라고 믿는다. 인간 대 인간으로 나누는 따뜻한 접촉이 사람들에게 위안이 된다면 간호사는 미래에도 사라지지 않을 직업이다. 우리는 모두 연약하게 태어나 일시적으로 독립적인 존재가 되었다가 최후에는 다시 돌봄이 필요한 존재가 된다. 그래서 당신은 언젠가 간호사와 만날 것이다. 나는 당신이 VIP 병동이나 1인실에 있지 않더라도 존엄한 돌봄을 받았으면 좋겠다.

다시 듣는 **노회찬의 목소리**

천장에서 비가 새고 있는데 디자인 좋은 벽지로 방을 도배할 겁니까?

―MBC 「100분 토론」, 2010. 5. 18.

원자로 곁에서
겪는 차별

김월성(가명)

핵발전소 노동자

저는 올해 월성원전에서 15년째 일하고 있는 비정규직 노동자입니다. 하지만 한수원한국수력원자력 직원은 아니에요. 많은 분이 원전 하면 한수원을 떠올리지만 저처럼 한수원 직원이 아닌 노동자가 많이 있습니다. 저는 곧 40대 중반이 되는데 이곳이 사실상 제 첫 직장입니다. 15년 전 이곳에 오기 전까지 원자력발전소가 있는지도 몰랐어요. 우연히 지인의 소개로 아르바이트 겸 경주의 월성원전에서 일하게 된 게 지금까지 왔습니다. 비록 비정규직이지만, 여기서 일하면서 아내를 만나 결혼하고 돌봐야 할 아이까지 있는 가장이 됐습니다. 소중한 직장이죠.

제가 일하는 월성원전은 '가'급 국가보안시설입니다. 출입이 까다롭고 엄격해요. 그렇지만 비정규직으로 취업하기 어려운 곳은 아니었어요. 여기서 일하기 전까지 변변한 경력이 없었고, 기계도 만져본 적이 없는데 15년째 일하고 있어요. 이곳에서 정규직들 일하는 거 눈치껏 보고 거들면서 기술을 익혔습니다. 제가 맡은 일은 경상정비 보조 업무입니다. 한전KPS의 정규직 직원이 원전 내 여러 기계설비를 정비할 때 보조하는 게 제 일이죠. 취직해서 처음 6년 반은 원자력팀에 소속돼 공조기의 팬 관리를 맡았고, 지금은 설비 진단팀에서 윤활유 주유 일을 합니다.

제 정확한 소속은 한전KPS의 하청업체인 G플랜트입니다. 1년에 한번씩 소속 업체가 바뀌어서 지금껏 15개 업체를 거쳐왔습니다. 1년마다 업체가 바뀌다보니 고용 불안이 매우 심합니다.

아마 노동조합이 결성되지 않았다면 원전에서 장기 근무는 불가능했을 거예요. 2012년에 노동조합이 생기고 활동하면서 비정규직을 한번 바꿔보자는 마음으로 쭉 눌러앉게 됐습니다. 노동조합이 2012년도부터 준비해서 2013년도에 불법 파견 투쟁을 했고 2014년도 1월쯤에 승소 판결을 받고 합의를 했어요. 그후 한전KPS의 입찰 문서에 고용 승계 확약서를 넣었거든요. 그전에는 매년 회사가 바뀔 때마다 고용 승계가 제대로 되지 않았습니다.

노동조합 활동 이후 고용 안정과 더불어 급여가 많이 올랐습니다. 비록 하청 비정규직 신분이지만, 고용이 안정되고 급여가 많이 인상되어 월성원전을 평생 직장으로 여기고 있습니다.

임금이 많이 인상되었으나 한전KPS 정규직에 견주면 60퍼센트 정도에 불과해요. 특별한 기술이 필요한 작업을 제외하면 정규직과 비슷한 일을 합니다. 기기가 있으면 정규직이 볼트A를 풀 때 우리가 볼트B를 풀거든요. 정규직, 비정규직 똑같아요. 우리가 한전KPS 정규직을 가르칠 때도 있어요. 신입사원이 들어오거나 담당자가 바뀌면 우리가 경험자로서 좀 가르치죠. 그래도 우리 급여는 정규직의 60퍼센트에 묶여 있습니다.

급여 외에도 비정규직 신분 때문에 속상한 일이 많습니다. 특히 신용대출을 못 받아요. 목돈이 필요할 때 가계에 어려움이 많아요. 원전은 설비 안전을 위해서 18개월 주기로 '계획예방정비'라는 대규모 수리 정비를 약 2개월간 합니다. 그때 정규직들은 간식이나 떡이 준비돼 있는데 우리는 없어요. 현장에서 같이 나눠 먹지만 얻어먹는 기분이죠. 우리는 구내식당도 이용할 수 없습니다. 도시락이나 라면, 김밥 등으로 점심을 때우죠. 주차난이 심각한데 원청 직원들은 주차면

이 따로 있습니다.

주변 사람들이 원전 일이 위험하지 않냐고 걱정을 많이 해요. 특히 방사선 피폭을 많이 걱정하는데 피폭으로 발생하는 산재는 거의 없습니다. 방사선 계측기를 다 차고 일하고, 한수원에서 피폭 관리를 합니다. 높은 선량에 피폭되면 바로 경보음이 뜹니다. 그럼 현장에서 배제되고요.

원자력발전소 때문에 사회적 갈등이 심하다는 사실을 알고 있습니다. 월성 1호기를 폐쇄했을 때도 경상정비 보조 업무 절반이 날아갔습니다. 정규직은 사업소를 옮길 수도 있지만, 우리 같은 비정규직은 쳐내면 그만이죠. 제가 맡아온 월성 3·4호기는 2027년, 2029년 설계수명이 끝납니다. 에너지 전환이 어쩔 수 없다면, 우리 같은 비정규직 노동자의 고용을 우선 보장하는 정책 대안도 제시해야 해요. 우리 노동조합에 이 점을 꼭 부탁하고 싶어요.

정리: 이상홍(경주환경운동연합 사무국장)

> **다시 듣는 노회찬의 목소리**
>
> 학생이 수업시간에 수업 안 들어가놓고, 예정된 수업이 진행되니까 '기습 수업'이라고 이야기하는 것과 똑같은 거예요. 말이 안 되는 겁니다.
>
> —TBS「김어준의 뉴스공장」, 2017.6.13. 추경 예산 심사에 참여하지 않은 자유한국당이 다른 정당을 '기습 합의'라고 비판하자.

4부

연결하고 돌보다

'패스트 케어' 시대의 아이들

김용희

하늘샘 지역아동센터장

 나는 인구 4만명 남짓한 폐광지역 군 소재지 지역아동센터에서 17년째 일하고 있다. 센터를 이용하는 서른다섯명의 아이는 읍내 곳곳에 흩어져 있는 5개 학교와 집에서 센터 차량으로 등하원을 한다. 학기 중에는 학교가 마친 뒤부터, 방학 때는 아침부터 아이들을 돌보고 프로그램을 운영한다.

 방학 때는 아침 9시에 문을 열지만 늦어도 30분 전에는 도착해야 한다. 아이들 몇명은 이미 40~50분 전부터 센터 앞이나 복도에서 서성인다. 일찍 일 나가는 부모들이 서둘러 다녀가서다. 아이들과 반갑게 인사하고 난방을 가동한다. 9시가 되면 대학생인 근로장학생과 조리사, 사회복지사 선생님들이 출근한다. 센터에서는 모두 일곱명이 일한다. 많아 보이지만 사회복지사 세명을 제외하면 모두 두시간, 세시간, 다섯시간, 일곱시간씩 일하는 시간제 근무자들이다. 차량 운전을 하는 선생님은 오후 3시에 출근해 세시간 근무한다. 1997년 외환위기 이후 시작된 노동 유연화는 여기도 예외가 아니다. 아침 시간, 근로장학생이 아이들을 보살피는 동안 사회복지사 선생님들은 그날 프로그램에 대해 상의하고 전날 했던 프로그램 일지를 쓴다. 아이들은 레고나 할리갈리 게임, 그림 그리기를 하다가 11시 무렵부터 한자와 영어 공부를 한다. 점심은 12시부터. 대개 아침을 먹지 않은 아이들이라 넉넉하게 준비한다. 급식관리지원센터에서 제공해준 식단표에 사과나 귤 같은 제철 과일을 곁들인다.

오후 1시, 학습지도 전담 교사, 특수목적 교사들이 출근한다. 장애아동이나 느린 학습자들을 집중적으로 보살피는 특수목적 교사는 하루 두시간 근무한다. 해마다 예산이 줄어 근무시간도 네시간에서 세시간, 두시간 반, 두시간으로 짧아졌다. 운전 선생님은 오후 3시에 출근해 차로 왕복 한시간 이상 거리에 사는 아이의 귀가를 위해 운행을 시작한다. 9인승 승합차 한대뿐이라 이 차가 돌아온 뒤 저녁 식사를 마친 다른 아이들 귀가가 시작된다. 차량 운행을 마치면 정각 오후 6시. 운전 선생님은 꼬박 세시간 동안 일하다 퇴근한다.

저출산으로 국가 소멸을 염려하지만
자라나는 아이들을 품어줄
지역아동센터의 현실은 늘 빠듯하다.

ⓒ필자 제공

40평 남짓한 센터 안에 아이들이 종일 북적거리며 머무는 동안 사회복지사들은 아이들을 돌보고, 프로그램일지, 상담일지를 작성한다. 아이들은 수시로 달려와 문제를 호소한다. 재미있게 놀다가도 툭하면 다툼이 벌어진다. 별것 아닌 다툼도 소홀히 하면 큰 싸움으로 번지기 때문에 신경을 써야 한다.

　아이들을 제대로 보살피려면 모든 선생님이 종일 센터에 머물러야 한다. 그러나 현실은 그렇지 않다. 특히 느린 학습자들을 보살피는 특수목적 선생님은 아이들 활동을 지켜본 후 교육을 해야겠지만 하루 두시간으로 정해진 근무시간은 숨 고르기에도 부족하다. 학습 전담 교사도 마찬가지다. 하루 다섯시간을 가르치려면 연구하고 준비하는 데만 세시간 이상이 필요하지만 도착하자마자 아이들 앞에 앉아야 한다. 패스트푸드나 패스트패션처럼 아이들마저 패스트 케어의 대상이 된 것 같아 안타깝다. 아이들도 자신을 돌아보는 여유를 가지고 스스로의 존엄을 키우며 성장하려면 '적절한 돌봄'이 요구되는데 현실은 여의치 않다.

　오후 3시부터 두시간, 세시간, 다섯시간씩 근무하는 선생님들이 차례로 퇴근한다. 최저시급을 받고 짧은 시간 일하는 선생님들 급여는 노동에 대한 적정한 보상이라고 하기에는 많이 부족하다. 아이들은 아이들

대로 힘이 든다. 센터에서 진행하는 프로그램이라고는 매일 하는 학습을 제외하면 일주일에 한번씩 하는 독서 프로그램과 방송 댄스뿐이다. 요리나 영화관람, 1박 2일 캠프라도 데려가고 싶지만 꿈일 뿐이다. 특별한 프로그램이 없는 날에는 선생님들이 가진 재능을 살려 놀이활동이나 미술활동을 한다. 저출산으로 국가 소멸을 염려하지만 자라나는 아이들을 품어줄 지역아동센터의 현실은 늘 빠듯하다.

『래디컬 헬프』를 쓴 힐러리 코텀은 "돌봄은 인간적인 연결, 우리 모두의 발전, 그리고 궁극적으로는 우리의 안녕과 존엄에 관한 것"이라고 했다. 돌봄은 선의를 가진 사람의 일방적인 보살핌이 아니다. 서로의 존엄을 지키기 위해 함께 노력할 때 더 건강하다. 그렇게 될 때 지역아동센터는 가장자리 환하게 밝히는 봄맞이 꽃처럼 따뜻한 공간이 될 터이다.

다시 듣는 **노회찬의 목소리**

> 저는 16세 참정권을 진심으로 지지합니다. 그걸 반대하는 순간 유관순 열사를 불량소녀로 낙인찍는 셈입니다.
> ─2017.3.5. '우리미래' 창당대회 축사.

밥 냄새가 나는 사람

조혜영

학교급식노동자

두어달 전 긴 여름에 나는 이런 시구를 적었다.

"조리실의 45도는 덥지 않은 신비로움과 착시다/ ~~불가사의다~~"

학교 급식실에서 조리사로 일한 지 29년이 되었다. 첫째 아이가 네살에 시작한 일이 정년퇴직을 1년 반 정도 남겨두었으니 긴 세월을 학교급식 일을 한 셈이다. 한 노동자가 긴 세월 그 노동을 지속하면 일반적으로 경력이 쌓이고 일도 좀 편해지고 업무 부담도 줄어들고 승진도 하고 그러는데 학교급식 일은 그렇지 않다.

출근하면서부터 시작되는 식자재 운반과 세척과 조리, 반복되는 칼질이 끝나면 끓이고 데치고 볶고 튀기고 지지고 무치고…… 기계가 돌아가듯 각자의 위치에서 각자가 맡은 일을 정신없이 한다. 점심시간에 맞춰 밥을 먹을 수 있게 하기 위해서는 한치의 오차가 생기면 안 되는 일이 학교 급식실 일이다. 적게는 500명에서 많게는 2천명의 밥을 한다.

모든 단체급식에는 한명의 조리사가 감당해야 하는 '배치기준'이라는 제도가 있다. 한 사람이 몇명의 밥을 할 수 있느냐를 기준치로 삼아서 각각의 규모에 맞게 조리사를 배치하는 제도를 말한다. 일반 대학교나 공공기관의 배치기준은 70명 정도인데, 학교급식은 그 두배가 넘는 150명이다. 예를 들어 밥을 먹는 급식인원이 1천명이면 공공기관에선 조리사 14~15명이 일하는데, 학교에선 겨우 6~7명이 일하는 것이다.

학교급식에 과중하게 책정한 배치기준으로 인해 많은 급식노동자가 강도 높은 노동에 건강을 위협받고 있다. 근골격계 질환으로 어깨, 팔, 허리, 다리에 저마다 수술의 흔적을 두세개씩은 안고 일한다. 최근에는 조리 시 발생하는 '조리 흄'조리 과정에서 발생하는 발암 미세입자으로 인해 폐 질환 환자와 폐암 환자가 급증하여 문제가 되기도 했다. 나도 무릎, 손목, 팔꿈치, 손가락 수술을 하였고 몇년 전에는 음식물을 들고 나르다 넘어져 발목뼈가 부러지는 사고를 당하기도 했다. 또다른 동료는 바닥에서 미끄러져 쇠붙이 솥에 머리를 심하게 부딪치면서 응급실로 실려 간 뒤 뇌출혈 진단을 받고 아직도 출근을 못하고 있다. 절단기에 손가락이 잘리고 끓는 기름과 물에 화상을 입어 병원에 실려 간 사례도 부지기수다.

사람들은 너무도 쉽게 말을 한다. 그까짓 밥 한끼 하는 데 뭐가 힘이 드냐고? 밥하는 데 무슨 기술이 필요하냐고? 밥하고 설거지하는 일은 주부들은 다 하는 일 아니냐고? 교육청과 지방자치단체, 식품의약품안전처에서 수시로 실시하는 위생점검과 안전한 급식을 위한 수십가지의 위생 지침을 지키면서 일해야 하므로 그냥 쉽게 밥이나 하는 일이 아님은 틀림없다. 높은 노동강도와 단시간에 조리해야 하는 급식실의 구조상 늘 직업병과 사고에 노출되어 있다. 거기에다 학생들과 학부모, 교직원들의 민원까지 감당하며 일을 한다.

힘들고 위험에 노출되는 일은 누구나 하기 싫어하고 하려고 하지 않는다. 학교급식 조리사로 취업했다가 한달도 못 버티고 그만두는 사례가 많다는 보도가 최근 자주 나오곤 한다. 열명이 하던 일을 네다섯명이 하게 되는 상황에서 급식이 중단되거나 부실한 상태로 밥이 나가는 경우가 많다. 일이 힘들고 높은 노동강도와 단시간에 해야 하는 조리업무, 산더미처럼 쌓인 설거지와 청소 등으로 같이 일하는 조리사끼리도 많이

ⓒ필자 제공

누군가에게 맛있는 음식을 만들어서 먹이는 일은
그 자체로 행복하고 보람된 일이다.
내 손으로 만든 음식을 먹고 즐거워하고 맛있다는
말을 들으면 그날 하루의 모든 긴장과
고단함은 스르르 녹는다.

다투고 화내고 소리 지르며 일을 한다. 적당한 휴식과 여유가 있어야 함께 일하는 동료들을 보살피고 위로할 수 있을진대 급식실은 그럴 틈 없이 멈추지 않는 기계처럼 돌아갈 뿐이다. 골병들지 않고 안전하게 서로를 위하며 일할 방법은 없을까?

누군가에게 맛있는 음식을 만들어서 먹이는 일은 그 자체로 행복하고 보람된 일이다. 내 손으로 만든 음식을 먹고 즐거워하고 맛있다는 말을 들으면 그날 하루의 모든 긴장과 고단함은 스르르 녹는다. 잠자리에 들면 온몸이 쑤시고 아프다. 그러나 새벽이면 알람시계보다 먼저 눈을 뜨고 어제처럼 서둘러 출근을 한다.

사람들 눈에 나는 어떤 모습일까? 몸에서는 어떤 냄새가 날까? 좋은 음식 냄새가 날까? 사람들이 나를 보면 그냥 밥이 떠올랐으면 좋겠다. 나를 보면 밥 냄새가 났으면 좋겠다. 묵은지 같은 음식 냄새가 났으면 좋겠다.

다시 듣는 **노회찬의 목소리**

동물의 왕국을 인간의 왕국으로 바꿔놓는 일, 이것이 저의 출마 이유이며 목표이고 노선입니다.

―진보신당 대표 후보 출마 기자회견문, 2009. 3. 9.

기다리는 몸, 기울어지는 삶

문진영
대전여성장애인연대 활동가

나는 한마디로 설명하기 어려운 몸을 가졌다. 서류상 지체장애인이며, 지체장애 중에서도 하지장애인이다. 뇌병변장애인이기도 하다. 언어장애가 있으며, 온몸이 자연스럽게 이완되지 않고, 걷는 것도 위태롭다. 머리가 왼쪽으로 쏠린 탓에 척추측만증이 진행 중이고 목디스크와 허리디스크도 진행 중이다. 심각한 두통으로 얻은 불면증을 해소하려 지역 대형병원 신경과를 찾은 이후로는 근긴장이상증 환자가 되었다.

아주 어린 시절부터 한의원, 정형외과, 재활의학과, 신경과, 신경외과 등 각종 병원을 돌아다녔다. '뒤틀린 몸', 흔히 말하는 '정상적이지 않은' 몸을 이끌고 병원에서 검사를 받으려 할 때면 의사들이 불편해했다. 제멋대로 움직이며 뒤틀리는 몸을 보며, "움직이면 검사가 안 된다", "어쩔 수 없이 그렇게 살아야 한다" 같은 반응을 보였고, 진료를 거부당하는 일도 있었다. 열살 때 처음으로 수술 제안을 받았으나 두개골을 열어 신경을 잘라내는 수술이라 당시 기술로서는 위험성이 컸다. 성인이 될 때까지 기다리는 것을 택했다.

 2년 전 지역의 대형병원을 찾았다. 머리를 감싼 근육에 문제가 생겨 더이상의 통증을 견딜 수 없었다. 신경과 의사는 몸이 이렇게 된 원인을 찾아보자 제안했다. 태어나서 처음으로 온몸 검사를 시도하게 되었다. 그곳에서 '검사가 가능한 몸', '유전적으로 아무 이상이 없는 몸'으로 인정받아, 서울의 빅5 병원 중 한곳을 소개받을 수 있었다. 시간과 비용을 들여 똑같은 검사를 받았고, 다행히 목의 신경과 근육이 고착되지 않아 수술을 시도해볼 만하다는 것을 확인받았다. 의사는 나와 같은 사례가 처음이라 예후를 장담할 수 없지만, 환자의 의지가 제일 중요하다 말했다. 통증이 심해지는 상황에서 선택의 여지가 없었기에, 나는 무조건 수술을 원한다고 대답했다.

 지난 2월 26일에 뇌심부자극술을 실시할 예정이었다. 40년 만에 찾은 수술 기회였다. 가족들은 지금보다 몸이 더 나빠질까 불안해했다. 재활·간호 기간을 걱정하며 서로의 마음에 비수를 꽂기도 했지만, 가족을 이해시키고 설득하는 일도 수술의 일부였다. 수술 한 달 전 가족여행을 다녀오며 온 가족이 나를 위해 애써주는 마음을 확인했다. 모두 수술만을 기다리고 있었다. 그러나 수술 열흘 전, 빅5 병원이 의료파업을 실시한다는 내용이 보도되었다. 대수롭지 않게 생각했지만, 휴대전화에는 부재중 전화와 메시지가 도착해 있었다. 수술이 예정되어 있었던 병원에서 온 것이었다. 왜 나한테 이런 일이 생겼을까, 내 인생은 왜 이러나 싶었다. 혼란스럽고, 원망스러웠다. 지인들은 수술하지 말라는 하늘의 계시라며 위로인지 악담인지 알 수 없는 말로 나를 다독였다.

처음엔 의료파업이 금방 끝날 줄 알았다. 학창 시절 버스 파업으로 임시버스를 타고 등교한 적이 있었지만, 버스 파업은 오후가 되면 원상복귀되곤 했다. 이번에도 그럴 줄 알았는데, 고래 싸움에 새우등이 터지고 있다. 혼란의 시기가 끝나고 빨리 병원에 갈 수 있기를 바라며, 한동안 내 시각과 청각은 언론사 속보에 고정되었다. 실망감과 우울감, 무력감을 피하려고 더욱 열의 있게 일상을 보내려 했다. 그러나 며칠째 이완이 되지 않는 머리, 목, 어깨, 허리의 불쾌함 때문에 도저히 잠을 이루지 못해 탈이 나버렸다. 현재는 지역 병원에서 신경을 마비시키는 약물을 맞으며 간신히 하루

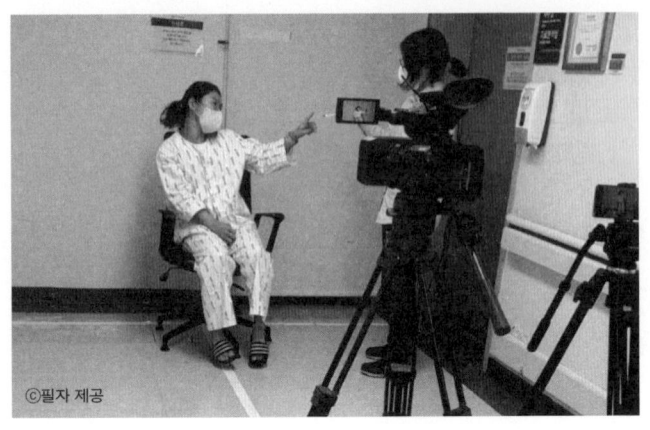
ⓒ필자 제공

처음엔 의료파업이 금방 끝날 줄 알았다.
학창 시절 버스 파업으로
임시버스를 타고 등교한 적이 있었지만,
버스 파업은 오후가 되면 원상복귀되곤 했다.
이번에도 그럴 줄 알았는데,
고래 싸움에 새우등이 터지고 있다.

하루를 버티고 있다. 의사는 머리가 지난번보다 많이 기울었다며, 너무 힘들면 보톡스 주입 용량을 늘리겠다 한다. 익숙하게 하던 동작이 갑자기 되지 않을까봐 일상생활을 하는 것조차 조심스럽다. 언제까지 이런 방식을 견디며 생존할 수 있을까 겁이 난다.

얼마 전 나와 비슷한 장애와 증상을 가진 분이 내가 받게 될 수술을 다른 병원에서 받고 예후가 좋아졌다는 소식을 들었다. 기약도 없는 기다림에 지쳐 수술이 예정돼 있던 빅5 병원의 담당 교수 연락처를 수소문했다. 다른 병원에서 진료와 수술 상담을 받아볼 생각이니 내 데이터를 줄 수 있는지 문의했다. 가능한 병원에서 수술을 받아도 좋겠다는 회신이 왔다. 나는 과연 수술을 받을 수 있을까? 취약해서 더욱 하염없이 기다린 통증의 시간을 그 누구도 책임져주지 않는다. 약자들의 시간은 도둑맞아도 되는 것인가.

다시 듣는 **노회찬의 목소리**

> 강물은 아래로 흐를수록 그 폭이 넓어진다고 합니다. 우리의 대중정당은 달리 이루어지는 것이 아니라 더 낮은 곳으로 내려갈 때 실현될 것입니다.
>
> ―진보정의당 창당대회 대표 수락 연설, 2012. 10. 21.

나는 지역에서
혁명을 꿈꾼다

조혁민

두루미책방 대표

충남의 제일 끝자락 금산은 인구 5만의 작은 지역이다. 공기가 맑고, 별이 잘 보이는 이곳에 사는 청년은 농사가 아닌 어떤 일을 할 수 있을까? 어떻게 지역에서 살아갈 수 있을까?

중학교 2학년 때였다. 아버지 서재에 꽂혀 있던 『체 게바라 평전』실천문학 2005을 읽으며 혁명가를 꿈꾸었다. 혁명적인 삶, 대안적인 삶을 모색하기 위해 모부님과 나는 대안학교를 찾았다. 그러다 금산간디학교 고등과정 비인가 대안학교를 알게 되었다. 형과 나는 차례로 학교에 입학했다. 새로운 지역에서 새로운 학교에 다니며 사랑과 자발성을 기반으로 한 여러 종류의 공동체 실험을 경험했다. 일주일에 한번 학교 구성원들과의 전체회의로 약속과 규칙을 결정하고 소외된 의견을 다시금 상기시키며 다양한 시선과 가치관을 받아들이는 내 삶의 혁명을 시작했다.

내가 바라본 금산은 도시만큼이나 다양한 사람과 가치가 충돌하는 곳이었다. 이주민들, 특히 비인가 대안학교 졸업생에 대한 지역민들의 시선은 차가웠다. 늘 곧 떠날 사람이라는 꼬리표가 달렸다. 그런데도 나는 금산이라는 지역에서 문화 활동을 계속했다. 하지만 주변의 여러 청년은 밥벌이 때문에 지역을 떠나야 했다. 지역에서 활동을 지속하기 위해서는 밥벌이가 중요하다는 사실을 알게 되었다. 2018년 12월, 졸업생 청년들과 간디학교 선생님이 모여 들락날락협동조합_{청년문화예술협동조합 들락날락}을 세웠다.

들락날락협동조합을 세우고 처음 맡은 일은 축제 기획이었다. 금빛시장 상인들과 매달 마지막 주 토요일 지역 축제 '금산월장'을 열었다. 이를 통해 많은 주민을 만나게 됐다. 축제가 매회 진행될수록 우리를 바라보던 지역민의 시선은 불신에서 믿음으로 변해갔다. 활동은 더욱 활발해졌으며 문화예술 활동을 하며 먹고 살 수 있다는 확신이 들었다. 지역에서의 정주를 상상했다. 우리는 금산 지역민이 되어가고 있었다.

금산은 각종 인프라가 현저히 부족하다. 나와 또래 청년들이 누리고 즐길 수 있는 것들이 많지 않다.

머무를 수 있는 공간도 충분치 않다. 우리는 우리가 필요로 하는 것을 직접 만들어가고 있다. 그중 하나가 금산 청년들의 아지트가 된 '두루미책방'이다. 책방에서는 우리가 원하고 지역민이 원하는 프로그램이 열린다. 소수가 원하더라도 지역과 우리에게 필요한 프로그램을 열기 위해 노력하고 있다. 특히 지역에서 목소리를 내기 어려운 청년과 청소년의 욕구를 반영할 수 있는 프로그램을 기획한다.

서울을 중심으로 이야기되는 장애인들의 이동권 이야기, 시와 소설을 읽는 낭독회, 주로 대도시에서 열리는 음악 공연, 청소년을 위한 인문학과 철학 강의, 여성의 이야기와 여성의 글쓰기, 지역에서 쉼을 얻어갈 수 있는 북스테이 프로그램 등 사람을 모으고, 그들을 잇고, 엮어내는 활동을 진행 중이다.

지역에서 산다고 해서 문화적 욕구가 없는 게 아니다. 우리는 어떻게 해서든 문화예술을 찾아 나선다. 도시에 가서 강연을 듣고 콘서트를 다닌다. 당연히 수도권 사람들보다 더 큰 비용과 시간을 투자해야 한다. 이것이 반복되면 지역 삶의 지속 가능성을 점점 잃게 된다. 그렇기에 작은 지역에서의 문화예술 활동이 중요하며 나와 같은 문화예술가들의 밥벌이 실험은 큰 의미가 된다.

부딪히는 여러 가치를 받아들이고,
때론 싸우며 우리가 만들어가는 지역을 상상한다.
이 실험의 끝은 아무도 모르지만
나는 계속해서 공동체를 만들고 유지하며
더 다양한 가치들을 지역에 정착시키려 한다.

ⓒ필자 제공

코로나로 잠시 읍 단위 거점이 아닌 면 단위 거점으로 활동을 진행해오다 올해 다시 새로운 실험을 위해 금빛시장에 있는 낡은 건물인 국제회관으로 이사했다. 이곳에서 우리는 계속해서 새로운 실험을 진행하며 지역에서의 지속가능성을 위해 우리가 필요한 것들을 만들어가고 있다. 부딪히는 여러 가치를 받아들이고, 때론 싸우며 우리가 만들어가는 지역을 상상한다. 이 실험의 끝은 아무도 모르지만 나는 계속해서 공동체를 만들고 유지하며 더 다양한 가치들을 지역에 정착시키려 한다. 더 많은 청년이 지역에서의 삶을 실험하고 자신의 욕구를 실현해나갈 기회의 장을 만들어가고 싶다. 우리의 실험은 우리의 삶을 넘어 사회와 지역의 혁명이 될 것이다.
　나는 지역에서 혁명을 꿈꾼다.

> 다시 듣는 **노회찬의 목소리**
>
> 지방에서 태어나도 그곳에서 교육받고 취직하고 결혼하고 아이를 낳는 데 아무 불편함이 없는 나라. 비정규직이라는 이유로 차별받지 않는 나라. 그리고 무엇보다 모든 시민이 악기 하나쯤은 연주할 수 있는 나라.
>
> ―대학생언론협동조합 「YeSS」, 2012. 11. 16.

마루 위의 노동자,
법 밖의 노동자

유은정(가명)

마루노동자

아파트 건설 현장에서 일하는 40대 여성 마루노동자입니다. 남편의 연이은 사업 실패로 빚이 생겨, 일한 만큼 벌 수 있고 나이 들어서도 할 수 있다는 마루 시공을 배워 남편과 함께 일하게 됐습니다. 마루노동자의 임금은 일당이 아닌 평뗴기 작업량만큼 받는 수수료이기 때문에 부부가 함께 일하는 경우가 많습니다.

마루 시공을 한 지는 6년, 보양 작업까지 치면 한 10년 됐습니다. 보양은 시공한 마루가 상하지 않게 종이로 덮는 작업입니다. 실내 공사 중 가장 많은 면적을 차지하는 게 마루와 도배입니다. 도배와 달리 마루는 건설업 127개 직종 중 직종 코드도 학원도 없고, 현장을 따라다니며 배워야 합니다. 재단하고, 문틀을 자르고, 게링 바닥 평탄화 작업, 스킬집 모양대로 자르는 작업 등 전과정을 배우는 게 쉽지는 않습니다. 기계를 쓰는 힘든 일은 남편이 하고, 저는 각도기로 자르고, 망치로 마루를 끼우는 일 등을 합니다.

시간이 지나 일이 손에 익으니 조금씩 돈도 벌게 됐으나, 갈수록 현장의 열악한 상황이 눈에 들어왔습니다. 특히 여성 노동자에게 불편한 것은 화장실입니다. 작업자 수에 비해 턱없이 부족하고 불결하기 짝이 없습니다. 손을 씻을 곳도 없습니다. 그러다보니 생리 때는 출근을 못하기도 합니다. 그나마 한국마루노동조합이 생겨 화장실 문제 개선을 요구해 예전보다 나아졌다곤 하지만, 현장마다 상황은 천차만별입니다. 얼마 전에 간 현장에서는 건설사 직원이 "화장실이 미흡해 작업하는 세대에 똥이 많이 있을 것"이라며 "감안하고 일하라"고 했습니다. 건설사는 노동자들이 사용할 화장실을 작업자 수에 따라 적정하게 설치하고, 현장 노동자의 최소한의 인권을 생각해주면 좋겠습니다.

마루를 시공하려면 바닥에 아무것도 없어야 하는데, 앞 공정에서 버리고 간 각종 쓰레기와 싸놓은 똥까지 있습니다. 청소 인부를 보내달라고 관리자에게 부탁하지만 안 오는 경우도 허다합니다. 마루노동자는 일한 만큼 임금을 받기 때문에 시간이 금입니다. 마냥 기다릴 수 없어 남편과 함께 오물을 치우고 일을 시작합니다. 바닥을 스크래퍼^{바닥 제거 공구}로 긁어내고 빗자루로 쓸어 박스에 담습니다. 청소를 해놨는데 다른 공정이 들어와서 더럽혀놓으면 또다시 청소를 해야 합니다. 무보수 노동을 두배로 하는 셈이죠. 방진마스크도 회사에서 지급하지 않아 직접 사서 써야 합니다.

점심은 편의점에서 도시락이나 간식을 사 와 먹는데 햇빛 사이로 먼지가 뿌옇게 날립니다. 온종일 미세먼지에 노출돼 있으니, 나중에 치매나 폐암이 오지 않을까 걱정됩니다. 겨울에는 옷으로 꽁꽁 싸매고 있어 그나마 괜찮지만, 여름에는 땀에 먼지가 섞여 피부병에 시달립니다. 잘 때마다 피가 날 정도로 긁습니다.

마루를 시공하려면 본드와 경화제를 통에 붓고 잘 섞어 헤라^{본드 바르는 도구}로 바릅니다. 냄새가 지독합니다. 환기를 위해 창문을 열고 본드 작업을 해야 하는데, 비 오는 날은 창문을 닫고 작업하라고 하니 어지러울 때도 많습니다. 표지에는 친환경이라고 적혀 있지만 정말 건강에 문제가 없을지 걱정됩니다. 여성 노동자 중에는 손가락이 휘거나 방아쇠 증후군으로 수술까지 하신 분도 계십니다. 이런 열악한 환경과 낮은 임금, 장시간 노동 탓에 젊은 사람들은 마루 시공을 배우려 하지 않습니다. 외국인 노동자도 적정 임금과 분업화가 되어 있는 타일을 배우려 하지, 마루 일은 하지 않으려

여름에는 땀에 먼지가 섞여 피부병에 시달립니다.
잘 때마다 피가 날 정도로 긁습니다.

ⓒ필자 제공

합니다.

건설 노동자에게 퇴직금을 주기 위한 퇴직공제금 제도가 마련돼 있지만, 현장에서는 잘 지켜지지 않습니다. 남편과 똑같이 출근한 저의 퇴직공제금을 확인해 보니 남편의 3분의 1도 안 되더군요. 싸우지 않으면 퇴직공제금 적립을 못 받는 이들이 여전히 많습니다.

마루 시공자는 근로자입니다. 평떼기라는 임금 구조와 작업 기간이 한달밖에 안 된다는 이유로 종속성이 떨어진다며, 고용노동부는 마루 시공자를 근로자로 인정하지 않고 있습니다. 근로계약서도 작성하고 4대 보험도 가입하고 퇴직공제금도 적립되고 있는데 왜 마루 시공자를 근로기준법에서 제외하는지 이해가 되지 않습니다. 이런 현실 속에서 숙련된 작업자들은 골병들어 하나둘 현장에서 떠나고 있습니다. 평균 연령 55세인 이들이 사라지면 과연 누가 마루를 시공할 수 있을까요? 마루 시공자가 기능공으로 인정받아 법의 보호를 받으며 일할 수 있는 환경이 되길 간절히 바랍니다.

> 다시 듣는 **노회찬의 목소리**
>
> 차떼기 야당, 탄핵 야당, 냉전 야당, 지역주의 야당, 이런 야당들은 이제 좀 물러서야 됩니다. 이제 역할이 거의 다 끝났거든요.
>
> —KBS「심야토론」, 2004.4.3. 야당교체론을 주장하며.

빛과 같은
어른이 되고 싶어요

간가혜

상호문화교육 강사

"저는 이런 어른이 되고 싶어요."

저는 결혼 이주민이에요. 한국에 온 지 거의 13년이 됐지요. 제 인생의 3분의 1보다 긴 시간이에요. 모든 여성이 그렇듯 결혼은 제 인생의 제일 크고 중요한 결정이었어요. 한국과 대만은 비슷한 부분도 많지만, 다른 점도 어마어마하게 많아요. 그래서 같은 동아시아 문화권이어도 생활하다 보면 오해가 생기곤 해요.

처음 한국에 왔을 때 모든 게 익숙하지 않아 매일 대만에 돌아가고 싶다고 생각했어요. 지금은 큰일이 생기지 않으면 대만에 가지 않아도 된다고 생각해요. 그만큼 한국 생활에 적응된 거겠죠. 이렇게 변한 것은 마법 같은 여정이 있었기 때문이에요.

인연이란 참 신기해요. 저와 제 남편은 여행 중에

만났어요. 그때는 제가 대학생이었고 남편은 저와 인터넷을 통해 영어 공부를 함께 하는 사이였죠. 어느 날 남편이 대만에 여행하러 왔고 자연스럽게 우리는 만나기 시작했어요.

대학 졸업을 반년 앞두고 친정아버지가 남편 생일에 교통사고를 당해 돌아가셨어요. 대만 문화에 따라 아버지가 돌아가시고 석달 안에 결혼하지 않으면 3년을 기다렸다가 결혼해야 했어요. 남편은 당시 서른살이었어요. 우리는 장례를 마치고 간단히 혼인 신고만 했지요. 저는 미신을 믿지 않는 편이지만 그때는 제게 닥친 일들이 다 운명처럼 밀려왔어요. 남편의 존재는 아버지를 대신해 제 인생을 채워줄 것 같았어요.

결혼 후 한국에서 완전히 새로운 생활이 시작됐어요. 제 인생도 다르게 펼쳐졌죠. 인생 2막 가운데 가장 중요한 가족들을 만났고 아이를 낳고 육아를 시작했어요. 시댁은 부산 동래에 있어요. 동래는 참 아름다워요. 특히 시댁 옆에 공원이 있어서 봄에는 공원 길 양쪽에 벚꽃이 활짝 피죠. 아름다운 풍경을 보고 있으면 세상 모든 고민을 새하얗게 물들일 수 있을 것만 같은 기분이 들어요.

하지만 육아는 간단한 게 아니에요. 특히 외국어는 영어만 할 수 있었던 내가 모국에서 숨쉬기처럼 간단한 일들도 제대로 할 수 없게 됐어요. 신생아처럼 뭐든지 다 도움이 필요했지요. 그런데 저와 대화할 수 있는 유일한 사람인 남편은 출근해야 했어요.

다행히 시부모님이 저를 많이 도와주셨어요. 처음엔 한국어를 한마디도 할 수 없었지만, 시어머님이 저를 대신해 애를 봐주고 제가 대학에 있는 어학원에 등록해 공부할 수 있게 시간을 만들어주셨어요. 공부를 마치고 집에 돌아가면 따듯한 밥이 늘 차려져 있었죠. 시아버지는 한국 생활에 어려워하는 저를 많이 도와주셨어요. 힘든 일은 제가 하지 못하게 하고 무얼 하더라도 진심으로 저를 칭찬하고 인정해주셨어요.

부산에서 5년 동안 살았어요. 좋은 친구도 많이 만났죠. 저는 아무것도 못하는 사람에서 한국어를 할 수 있는 사람이 됐어요. 저는 운이 좋았어요. 시부모님과 생활했던 5년은 제 인생에서 제일 행복한 시간이었죠. 새로운 신분, 새로운 문화, 새로운 언어, 심지어 종종 외국인이라 오해받는 일이 생겨 슬플 때가 있었지만 그때마다 시부모님은 제 상처들을 치유해줬어요. 깊고 오래된 상처들도 말이에요.

결혼은 삶에 있어 중요한 사건이에요. 저한테도 마찬가지죠. 저는 한국에 와서 많은 사랑을 받았어요. 저도 따듯하고 다정한 사람이 되고 싶어요. 이 세상의 제가 할 수 있는 게 무엇일까요?
한국 사람들이 이주민에 대해
조금이라도 더 알게 되면
오해도 줄어들겠죠?
그러면 이 세상도 좋아지겠죠?

ⓒ필자 제공

따듯함을 많은 사람에게 전하고 싶어요.

제가 할 수 있는 게 무엇일까요? 한국 사람들이 이주민에 대해 조금이라도 더 알게 되면 오해도 줄어들겠죠? 그러면 이 세상도 좋아지겠죠?

7년 전 남편 직장 때문에 파주로 이사했어요. 대만 친구의 권유로 파주시 무지개작은도서관에서 운영하는 '엄마와 책 놀이'라는 동아리에 들어가게 됐죠. 파주시 가족센터에서 교육받아 지금은 다문화 강사로 활동하고 있어요. 『누가 산을 베어 먹었니?』라는 대만 전래동화를 소재로 한 그림책을 내기도 했죠. 그동안의 모든 것을 감사하며 열심히 살고 있어요.

만약에 누군가 지금 나한테 "넌 어떤 사람이 되고 싶니?" 하고 물으면 저는 이렇게 답할 거예요. 빛과 같은 어른이 되고 싶다고. 힘든 시간을 보내고 있는 사람들에게 따듯한 온기를 전하고 싶어요.

> 다시 듣는 **노회찬의 목소리**
>
> 학교에서도 돈과 인생의 가치가 충돌했을 때 가치를 우선시하는 사람이 훌륭하다고 배웠어요. 돈이 인생의 최고라고 배우지 않았습니다.
>
> ─대학생언론협동조합 「YeSS」, 2012. 11. 16.

손으로 말하고
마음으로 듣는 시간

구본순

농·난청문화예술활동 강사

    강의실 문을 열고 농인이 들어온다. 나는 두 주먹을 가볍게 쥐고 가슴 앞에서 아래쪽으로 살짝 내린다. '안녕하세요'라는 수어手語다. 바로 이어 두 손을 약간 구부려 손끝이 양쪽 가슴에 향하도록 하고 상하로 엇갈리게 두어번 움직인다. '반갑다'는 인사다. 오늘은 자신의 이야기를 글로 쓰고 그림으로 표현하는 '나만의 동화 쓰기' 워크숍이 있는 날이다. 나는 농·청각장애인들을 대상으로 문화예술 수업을 진행하고 있다.

    청각장애인은 수어 사용 여부와 상관없이 청력에 손실이 있는 모든 사람을 일컫고, 농인聾人은 수어를 제1언어로 사용하여 의사소통하는 사람을 말한다. 2016년 2월 '한국수화언어법'이 제정되면서 수어는 국어와 동등한 자격을 가진 농인의 고유한 언어로 인정되었다.

농인들도 모든 생활영역에서 자신의 모국어인 수어로 삶을 영위하고 필요한 정보를 제공받을 권리가 생겼다.

그러나 여전히 수많은 예술교육이나 강의가 청인 ^(聽人)에 의해 진행된다. 수어나 문자^(속기록) 통역도 찾아보기 힘들고, 담당 기관에 통역을 요청해도 지원을 기대하기 어렵다. 예산도 책정되지 않았고, 전문 인력도 부족하다. 게다가 수어통역사가 투입된다 해도 해당 분야 전문가는 아니기에 강의의 내용과 뉘앙스를 온전히 전달하기는 쉽지 않다. 인공지능 기술이 발전한 요즘, 음성을 인식해 실시간 문자 자막으로 보여주는 서비스도 있지만, 수어에 익숙한 농인들은 빠르게 지나가는 한국어 자막을 다 이해하기 힘들다. 수어와 한국어는 언어체계가 다르기 때문이다. 수어를 제1언어로 사용하는 농인들에게 한국어는 제2외국어와 같다.

나는 학창 시절부터 수어가 좋았다. 이미지로 그려지는 언어에 매력을 느꼈고 농인과 결혼했다. 농인들을 만나면서 치유의 에너지가 있는 예술을 나누고 싶었고, '풍경놀이터'라는 장애문화예술교육단체를 만들었다. 내가 경험한 예술을 농인에게 고스란히 전하고 싶어서 나는 음성 언어와 수어를 동시에 사용하여 강의를 진행한다. 입술 모양이나 불빛도 누군가에겐 언어가 될 수 있다. 나는 "여러분 수업 시작할게요. 저

나는 "여러분 수업 시작할게요. 저를 봐주세요" 말과 함께
강의실을 밝히고 있는 형광등 스위치를 껐다 켠다.
소리가 아닌 눈으로 세상을 감각하는 농인들에게
빛을 깜박여 수업 시작을 알리는 것이다.

를 봐주세요" 말과 함께 강의실을 밝히고 있는 형광등 스위치를 껐다 켠다. 소리가 아닌 눈으로 세상을 감각하는 농인들에게 빛을 깜박여 수업 시작을 알리는 것이다. 그리고 '보다'와 '수업'과 '시작'이라는 수어 표현을 조합해 말을 건다.

강의할 때는 한눈에 들어오는 시각적 정보를 사용하고, 장문이 아닌 쉽고 명료한 문장으로 설명한다. 핵심 내용을 전할 때는 위아래 입술을 꾹 다물고 손과 팔에 힘을 주어 수어로 말한다. 사례를 제시할 때는 마치 동화구연을 하는 사람 같다. 다양한 표정을 지으며 수어 동작을 크게 한다. 비언어적 표현인 '비수지 기호'非手指記號, non-manual signals는 의미를 전달하는 중요한 역할을 한다. 예컨대 '무섭다'를 말할 때는 양쪽 어깨를 구부린다. 의문문의 '물음표'는 눈썹을 올리고 눈을 크게 하고 턱을 당겨야 한다. 무표정으로 '즐겁다'를 할 때와 치아를 보이며 입꼬리를 위로 올려 '즐겁다'를 표현할 때, 감정의 정도는 다르게 표현된다. 수어는 온몸으로 감정을 전달하는 투명한 언어다.

워크숍을 진행할 때면 사소한 활동 하나에도 강의실은 복작복작한다. 강사가 음성언어와 수어로 방법을 설명하고도, 수어통역사와 자원봉사자들은 부지런히 움직여 '지역방송'에 대응한다. 수강생별 맞춤형 수업이랄까. 글을 모르는 농인에게는 수어를 종이에 적어서 소통하고, 수어를 모르는 난청 어른에게는 귀에 대고 큰 소리로 다시 반복하여 말한다. 청각인지장애가 있는 이에게는 눈높이를 맞추어 쭈그리고 앉아 대화한다. 단일하지 않은 접근 과정이지만 그 누구도 불만을 표하지 않는다. 자신이 할 일을 다 하고 서로 기다려줄 뿐이다. 이런 수업 풍경들을 볼 때마다 가슴이 벅차다. 얼른 휴대전화 카메라를 켜고 이 광경을 찍어둔다.

서로를 존중하며 예술을 나누는 장면이 우리가 사는 일상 곳곳으로 스미면 좋겠다. 소리가 없는 세상을 살아가는 사람들이 있음을 알고, 다름을 기다릴 수 있는 여유로운 마음을 가졌으면 좋겠다. 제2, 제3 외국어로 청인들이 '수어'를 배워나가서, 수어를 가늘고 얇게 아는 사람들이 가득했으면 한다. 더 커지고 더 깊어지는 예술의 '품'을 꿈꾼다.

다시 듣는 **노회찬의 목소리**

만일 여기 모이신 정당들이 국민의 목소리를 들을 줄 안다면 정기국회는 순항할 것입니다. 국민의 목소리를 들어야 하고, 잘 안 들리면 도청을 해서라도 국민의 목소리를 좀 들으시라고 강력하게 이야기하고 싶습니다.

―KBS「심야토론」, 2005. 9. 23.

삶을 나누는 수업을 시작합니다

김수빈

대안학교 교사

 나는 충남 금산에 있는 한 대안학교의 교사로, 이제 9개월째다. 학교에서 근무하는 것은 이번이 처음이다. 대안학교 특성상 다양한 활동이 많아 하루가 정신없이 지나가곤 한다. 그러나 이곳은 내가 간절히 원해서 감사한 마음으로 선택한 환경이다. 그래서 모든 상황을 물 흐르듯 받아들이고 흘려보내며, 대안학교 교사로서 성장하고 있다.

 스무살 무렵, '대안학교'라는 존재가 책을 통해 강렬하게 내 안에 들어왔다. 10대 시절, 대학 입시만을 목표로 성실히 살아왔던 나에게 『대한민국에 이런 학교가 있었어?』한문화 2018라는 책은 가슴속에 불꽃을 피워냈다. 서점 한구석에서 책을 단숨에 읽으며 나는 생각했다. 나의 10대 시절에 나를 찾는 여행을 했다면 얼마나 좋았을까? 명문대를 목표로 문제풀이에 매진했던 내가, 스스로에게 질문을 던지며 진정 내가 좋아하는 것을 찾아가는 시간을 보냈다면 어땠을까? 수많은 질문과 아쉬움, 부러움이 마음속에서 일어났다.

그 불꽃은 결국 사랑으로 귀결됐다. '나부터 이 교육의 장을 알리자!' 그리고 '나부터 이런 대안적인 환경을 경험해보자!' 그렇게 나는 20대 초중반을 마음이 끌리는 대로 살았다. 주변에서 "너는 이걸 원해야 해"라고 하는 말에는 귀를 닫았다. 내 마음의 소리를 듣기 위해서였다. 그래야만 이전에는 몰랐던 나의 진짜 목소리를 들을 수 있기 때문이다. 내면에 귀 기울이며 사는 삶은 생생한 축복이었다. 무엇보다 온전히 살아있는 감각이 무엇인지 느낄 수 있었다.

나는 내면의 목소리와 세상의 우연을 따라 다양한 공동체를 경험했다. 대안학교의 교사가 된 뒤 내 삶을 돌아보니, 나는 오랫동안 이런 환경을 꿈꿨고, 관련된 책들을 읽었으며, 삶 속의 우연한 기회들로 이 길의 사람들을 만나 이야기를 나누어왔다.

나에게는 자유를 향한 갈망이 컸다. 획일화된 교육과 서열화된 사회, 입시 경쟁 속에서 힘들었던 청소년 시절, '나'로부터 시작하는 대안적인 삶의 모습은 너무나 매력적이었다. 그리고 무엇보다 확실했던 건,

이렇게 '나'를 위해 살아도 세상이 무너지지 않는다는 사실이었다. '명문대에 가야 하고, 좋은 직장을 얻어야 하고, 안정적인 보수를 받아야 행복하게 살 수 있다'고 들 하지만, 꼭 그렇지는 않았다. 행복은 어디에나 있으며 그 행복을 찾을 수 있는 마음의 여유와 시선이 중요했다. 이를 얻는 길은 다양했다.

지금 나는 대안학교의 교사이자, 김수빈이라는 개인으로 살아가는 삶이 참 행복하다. "삶을 공유하는 게 교육"이라는 내 멘토의 가르침 아래, 나를 살리는 것들을 학생들과 나눈다. 아침에는 학교 옆 보석사 길을 산책하며 햇볕을 만끽하고, 점심에는 춤동아리에서 학생들과 온전히 자신의 리듬에 집중하는 춤을 춘다. 또 내가 좋아하는 달리기 수업을 통해 학생들에게 자신에게 편안한 속도로 달리는 법을 알려주고, 영어 수업을 통해 영어가 두려움이 아닌 즐거움이 될 수 있다는 경험을 선사한다. 이렇게 내가 좋아하는 것들을 나누다보니, 때로 학교의 다른 업무에 지치더라도 나를 다시 살리고 끌어올릴 수 있다.

그뿐만 아니라 학생들을 보며 끊임없이 배운다. 학생들을 자연 속에 풀어놓으면 그들은 알아서 마음껏 탐험하고 모험한다. 발표 시간에는 너도나도 손을 들고 자유롭게 의견을 나누며, 어떤 점이 좋았고 왜 좋았

나에게는 자유를 향한 갈망이 컸다.
획일화된 교육과 서열화된 사회, 입시 경쟁 속에서
힘들었던 청소년 시절, '나'로부터 시작하는
대안적인 삶의 모습은 너무나 매력적이었다.

는지를 이야기한다. 쉬는 시간을 이용해 자기가 좋아하는 것에 몰두하거나 방황하는 학생들을 보면 나도 모르게 미소가 지어진다.

이곳에 오기 전 다양한 경험을 통해 배운 것이 하나 있다. 바로, 연결감을 느끼고 주는 사람이 되어 살아갈 때, 사랑으로 존재할 수 있으며, 이것이 내 삶을 진정 풍요롭게 만든다는 것이다. 나는 여전히 그런 사람으로 살고 싶다. 그리고 나를 만나는 학생들 또한 삶을 풍요롭다고 느낄 줄 아는 사람이 되길 바란다. 이미 학교생활 속에서 자신의 길을 찾고 있는 학생도 있지만 대부분은 이제 막 탐색을 시작한 생들이다. 그들을 바라보며 생각한다. '그저 너로 존재해도 괜찮아, 충분해. 이곳에서 무엇이든 해봐, 늘 지지할게.'

대안학교에서 나는 교사이자 동시에 배우는 사람이다. 우리는 모두 평생을 배우며 살아가는 존재이기에 교사와 학생으로 만난 이 시절이 서로의 삶을 나누고 배울 소중한 기회임을 느낀다. 이 만남에 감사하며, 오늘도 나의 길을 걸어간다.

다시 듣는 **노회찬의 목소리**

정치에 있어서 도덕적 우위보다도 중요한 건 감동적 우위다.
―딴지일보, 2007.5.2.

'사과'가
검열 대상이 된 이유

김주영

도서관 사서·성북문화재단 도서관사업부장

"어쩌다 사과는 한개에 1만원이 되었을까?"

이 질문은 지난 3월 한 도서관 로비에서 진행된 주제 전시의 제목이다. 큰 부담 없이 사서 먹을 수 있었던 사과의 가격 상승 요인이 무엇인지 기후, 노동, 경제 등 다양한 관점에서 알아보자는 취지로 기획된 전시다. 그런데 민원이 제기됐다. 이 전시가 '정치적'이라 불편한 마음이 든다며 이용자가 사서에게 문제를 제기한 것이다. 그 시기, 사과 가격 상승과 관련한 논쟁들이 많았기 때문이었으리라.

최근 공공도서관 현장에서는 특정 정치인, 세월호, 성교육, 성평등, 젠더, 페미니즘, '위안부' 등을 소재로 한 도서에 관해 특정 단체가 도서관을 대상으로 금서 목록을 만들어 열람 제한이나 폐기를 요구하고 있다. 도서관 책임자나 책을 사들이는 담당 사서에게 법적 책임을 묻는 등 압력을 행사하는 일들이 벌어진다. 또한 이러한 일들이 여러 매체를 통해 공론화되면서 개인 이용자들조차 예민하게 반응하는 경우가 잦아지고 있다.

도서관 현장의 사서들은 '국민의 알권리 보장'과 '지적 자유 수호'를 가장 중요한 가치로 두고 모든 이념적·종교적·정치적 갈등 상황에 직면할 때마다 '도서관 및 사서직의 권리선언'에 입각해 자료를 수집하고 이용자들에게 제공해왔다. 그러나 최근에 발생하는 여러 일들로 사서들은 자료 선정과 관련한 전문가적 자존감 상실과 함께 법적 소송, 지속적인 민원에 대한 불안감이 가중되고 있다.

최근 발표된 논문 김신영「도서관 지적 자유 침해 양상과 대처 방안」에서도 도서관·사서의 자료 선정권 침해와 자기검열에 대한 압박, 자료 대출·열람 서비스 위축, 도서관 일상 업무 방해, 법적 소송에 대한 정신적 불안감 등이 도서관 현장의 애로사항으로 꼽혔다. 이러한 현장의 애로사항들로 인해 '국민의 알권리 보장'과 '지적 자유 수호'를 위한 도서관과 사서의 역할이 축소될까 도서관계에서는 우려가 크다.

많은 도서관 현장의 사서들은 외부 압력으로 인해

자신들이 소극적인 태도로 업무에 임하는 것을 경계하여 함께 서로 격려하며 지적 자유 수호를 위해 끊임없이 노력하고 있다. 또한 장서 선정의 기준을 명확히 하고, 검열의 위험을 최소화하기 위한 다양한 방안을 마련하고 있다.

2021년 서울 성북구립도서관은 '아동 성추행'으로 실형을 받은 아무개 작가의 어린이책을 연구자와 성인에게만 열람할 수 있게 하는 열람 제한을 결정했다. 이 사건 이후 사서들은 검열과 관련하여 전문가와의 워크숍, 도서관 이용객과의 토론회를 통해 우리의 결정이 문제가 있는 건 아닌지, 어떤 과정을 더 수반해야 하는지 등을 논의했다. 사서들과 구민들은 연대와 학문적 논의를 바탕으로 지적 자유와 검열에 관한 문제를 해결하기 위해 구체적인 방안들을 모색하고 있다. 장서 개발 정책의 보완과, 관련 문제 발생 시 위원회 개최 등 실질적인 방안들을 함께 정했다. 이 과정은 구민들에게 큰 호응을 얻었다.

한국도서관협회는 지난 8월 도서관의 지적 자유 보장을 위한 '도서관 지적 자유 가이드라인'을 발표했다. 이는 지난해 한국도서관협회가 '도서관에 대한 일체의 검열 반대와 지적 자유 수호를 위한 성명서'를 발표한 이후 도서관 현장에서 지적 자유를 침범하는 행위

도서관 현장의 사서들은 '국민의 알권리 보장'과
'지적 자유 수호'를 가장 중요한 가치로 두고
모든 이념적·종교적·정치적 갈등 상황에 직면할 때마다
'도서관 및 사서직의 권리선언'에 입각해
자료를 수집하고 이용자들에게 제공해왔다.

ⓒ필자 제공

에 대해 실제적인 대응 방법을 담은 가이드라인이다.

그러나 지적 자유를 수호하기 위한 국내외 성명서나 윤리 선언 등은 법적 구속력이 없다. 알권리는 헌법에서 보장하는 기본권임에도 이를 수호하기 위해 애쓰는 현장과 사서들은 법으로부터 보호받지 못한다는 이야기다.

지적 자유를 지키기 위한 사서들의 역할은 그 어느 때보다 중요하다. 다양한 가치, 입장 등을 교류하고 표현하면서 서로 충돌하고 갈등이 고조되는 요즘, 지적 자유를 수호하는 공공도서관은 갈등의 현장이기도 하지만, 동시에 그 갈등을 넘어설 수 있는 공론의 장이기도 하다. 그리고 공론장이 되어야 한다. 이를 위해 사서들이 안심하고 그 역할을 수행할 수 있는 법적, 제도적 보호 장치가 시급히 마련되기를 바란다.

다시 듣는 **노회찬의 목소리**

> 많은 사람이 최순실과 정유라를 거론합니다. 그러나 그들은 단지 불씨를 던졌을 뿐입니다. 이미 대한민국은 인화물질로 가득 찬 화약고였습니다. 바로 불평등, 불공정이라는 인화물질 말입니다.
>
> ─국회 원내 비교섭단체 대표 연설, 2017. 2. 9.

하루 2만 보의 돌봄

정운덕

사회복지사

나는 서울시립 영등포쪽방상담소에서 일하고 있다. 상담소는 쪽방 주민들을 대상으로 정서안정지원사업, 생활안정지원사업, 신용 회복, 병원 연계 등의 활동을 한다. 쪽방이란 두 평 남짓한 방을 일컫는다. 쪽방촌은 쪽방으로 이루어진 동네로 서울에 다섯 군데가 있다. 동자동(서울역), 남대문, 창신동, 돈의동, 영등포에 자리 잡고 있다. 거주민의 약 40퍼센트는 기초생활보장 수급자이고 홀몸 노인과 장애인이 약 45퍼센트 정도를 차지한다. 월세는 보증금이 없는 조건으로 25만원에서 30만원까지 각기 다르다. 쪽방에는 화장실이 없다. 공중화장실을 사용해야 한다. 세면장이 없는 경우가 많아 몸을 씻으려면 쪽방 주변에 있는 이동식 목욕 차량을 이용하거나, 상담소에 설치된 샤워실을 이용해야 한다. 한미약품에서 후원하고 상담소에서 운영하는 동행목욕탕 사업을 통해 지정된 인근 목욕탕에서 매달 2회여름철 매달 4회 목욕을 할 수 있다.

보통 쪽방상담소라고 하면 고민과 문제가 있는 주민들이 스스로 기관을 방문할 거라고 짐작하지만 그렇지 않다. 직원들이 주민들을 찾아 나선다. 쪽방 주민들은 1인 가구가 많고, 노령자거나 우울증, 알코올의존증이 있는 분들이라 건강에 취약하다. 그래서 우리 상담소 직원들은 매일 쪽방촌을 찾아 400여명의 안부를 묻는다. 상담소에 들어와 얼마 동안 상담소 간호사님을 따라 매일 두시간 동안 쪽방 거리를 돌아다니며 주민들의 이름과 집 위치를 외웠다. 하루 2만보는 기본이었다. 그렇게 한분 한분 만나며 이름을 외우고, 성향과 성격을 알게 됐다. 개인에 따라 대화하는 방식과 행동이 달라진다. 주민들과 관계 맺으며 서로를 위로하고 삶의 한 부분이 되어준다.

쪽방은 위생 상태가 좋지 않다. 바퀴벌레를 비롯해 많은 벌레가 들끓는다. 먹고 남은 음식을 처리하지 않고 내버려두면 집에 벌레가 생기기 시작한다. 상담소에서 위생이 좋지 않은 집을 청소하고 정리한다. 사회적 고립도 심각하다. 많은 사람이 쪽방에 대해 부정적인 시각을 갖고 있다. 이 지역을 가까이하지 않는다.

주민들은 우울증 같은 정신적인 문제 때문에 집 문을 닫고 고립을 자처한다. 상담소는 '우리동네돌봄단'을 운영해 인근 주민이 쪽방 주민을 방문해 안부를 확인하는 활동을 펼치고 있다. 쪽방 주민이 인근 주민을 만나 이야기를 주고받으면서 사회적 고립을 조금이나마 줄일 수 있는 하나의 방편이다. 나는 돌봄 매니저로 이 사업을 맡고 있으며 주민들의 상태를 매일 모니터링하고 있다.

쪽방은 화재 위험이 크다. 건물 대부분이 목재로 돼 있고 낡다보니 전기가 합선되거나 집 안에서 담배를 피워 불이 날 때가 있다. 쪽방은 건물 간격이 워낙 좁아 한곳에서 불이 나면 많은 사람이 피해를 볼 수 있다. 상담소는 날마다 주민의 안부를 확인하며 화재 위험이 있는지 확인하고 주기적으로 전기와 가스를 점검할 수 있게 한다.

상담소에서는 여러가지 프로그램을 기획하고 진행한다. 시화전, 목공, 요리 등 자기 능력을 개발할 수 있는 프로그램이다. 프로그램을 시작하기 전에 주민들을 프로그램에 오게 하는 것은 기획자의 첫번째 임무다. 많은 주민이 자기 삶의 변화를 두려워하기 때문이다. "이 나이 먹고 이거 해서 뭐 해" "그냥 이렇게 살다 죽을래"라고 입버릇처럼 말한다. 실패의 경험은 다시

상담소에 들어와 얼마 동안 상담소 간호사님을 따라
매일 두시간 동안 쪽방 거리를 돌아다니며
주민들의 이름과 집 위치를 외웠다.
하루 2만보는 기본이었다.

ⓒ필자 제공

도전하기를 두렵게 만든다. 우리에게는 삶이 변할 수 있다는 믿음이 필요하다.

동네를 돌아다니다보면 여럿이 정답게 모여 아스팔트 바닥에 돗자리를 깔고 앉아 가스버너에 고기를 굽는 모습을 볼 수 있다. 그 사이를 지나가면 내게 "고기 한점 먹고 가"라며 따뜻한 마음을 건넨다. 주민들 집을 방문할 때면 고생한다며 음료를 하나씩 주기도 한다. 쪽방에는 일곱살 된 어린아이도 있다. 나는 그 아이에게 음료수를 주곤 한다. 그럼 아이는 웃으며 좋아한다. 나는 이 아이가 앞으로도 웃음을 잃지 않기를 바라며 오늘도 일한다.

사회복지사는 환대받는 직업은 아니다. 하지만 나는 다른 곳에 가치를 두고 있다. 주저앉은 사람을 일어날 수 있게 돕는 일. 그것은 돈으로 할 수 있는 일이 아니다. 누군가를 위해 일한다는 건 어려운 일이고 때때로 무너지곤 하지만 어둠 속 작은 촛불처럼 내 주변을 밝히고 싶다.

> 다시 듣는 **노회찬의 목소리**
>
> MB, 드디어 검찰청 포토라인에 섰군요. 경제 살리겠다고 약속하고선 본인 경제만 챙긴 대통령. 늦었지만 청소하기 좋은 날이 왔습니다. 이 기회에 말끔히, 깨끗이 청소해야 합니다.
> ─노회찬 트위터, 2018. 3. 13.

'가을 전어'는 돌아오지 않는다

김백산

기후소송 원고

 2년 전 여름 서울에 하루 만에 400밀리미터 가까이 폭우가 내렸을 때 강남역 일대는 허리 높이까지 물이 차올랐다. 나는 그 부근을 지나다 도로 침수를 막기 위해 열어둔 배수구 구멍에 빠졌다. 몸에 상처가 많이 났고, 휴대폰도 망가졌다. 폭우에 뚜껑이 열린 맨홀 때문에 안타깝게도 목숨을 잃은 분도 계셨다. 기후위기는 언제든 누구에게든 재난으로 닥칠 수 있고 정말 위험하다는 것을 절실하게 느꼈다.

 IPCC 기후변화에 관한 정부 간 패널는 기후변화로 수십 년 내에 전세계의 식량 안보가 위협받을 수 있다고 분석했다. 2022년 기준 한국의 식량자급률은 45퍼센트 남짓이고 사료용 곡물을 포함한 곡물 자급률은 20퍼센트 이하로, GFSI 세계식량안보지수 순위에서 OECD 경제협력개발기구 가입국 중 최하위권이다. 한국은 밀, 옥수수, 콩으로 만든 가공식품 소비가 급증하면서 세계 7위의 곡물 수입국이 됐다. 더군다나 육류 소비가 늘어나 사료용 곡물 수입도 확대되고 있다. 한반도의 기후위기는 식량위기로 올 것이라는 경고도 있다.

며칠 전 식당에 갔더니 뜨거워진 바닷물 때문에 '가을 전어'를 들여놓을 수 없었다는 말을 들었다. 커피 원두의 재배 환경이 점점 악화하여 커피 가격이 오르고 있고, 심지어 2080년에는 원두 자체가 멸종할 가능성도 있다. 이를 해결하기 위해 대체 원두를 개발하고 있는데, 미래의 커피에는 카페인이 함유되어 있지 않을 수도 있다고 한다. 이번 명절에 배추 한포기에 2만원, 시금치 한단에 만원에 파는 곳도 있었다.

이것이 우리가 선택한 미래일까? 기후재난과 식량 안보 위기 등 기후위기와 우리 청년세대는 어떤 관계가 있을까 돌아보게 된다. 지금 겪고 있는 기후위기는 이미 수십년간 내뿜은 온실가스로 인한 것이다. 그리고 우리도 성장하면서 알게 모르게 기후변화에 기여했다. 편하자고 배달 음식을 시켜 먹고, 텀블러를 외면하기도 했다. 하지만 개인의 노력만으로 기후위기를 극복하는 것은 한계가 있다. 개인이 아무리 탄소 저감을 위한 행동을 한다고 해도 거대 기업이나 국가 단위의 탄소배출을 상쇄할 만큼은 되지 못하기 때문이다.

지난 8월 헌법재판소에서 탄소중립기본법 헌법불합치 결정을 내렸다. 2030년 이후 감축 목표를 정하지 않은 것이 문제라는 것이다. 한국정부의 탄소배출 저감 정책이 미비하다는 것을 최고 사법기관 중 하나인 헌법재판소가 공식적으로 인정한 것이다. 헌재 결정이 내려졌다고 기후위기가 해소되는 것은 아니지만 한국정부의 탄소 저감 정책이 미비하다는 것을 인정했으니 국회는 더욱 강력한 탄소중립기본법을 제정해야 하고, 제1차 탄소중립·녹색성장 기본계획도 개선해야 한다. "어른들은 투표를 통해 국회의원이나 대통령을 뽑을 수 있지만 어린이들은 그럴 기회가 없습니다. 이 소송에 참여한 것이 미래를 위해 제가 할 수 있는 또 해야만 하는 유일한 행동이었습니다." 위헌소송 청구인인 한제아 님은 헌법재판소 공개진술에서 이렇게 말했다.

추석 폭염에 모두 놀라고 있지만 나중에 내 아이가 태어난다면 아열대기후 속 한국에서 살아갈 수도 있다. 계절의 실종은 잦은 재난과 물가 상승으로 이어져 삶이 훨씬 더 가혹해질 수 있다. 오염을 제거하는 데는 비용이 따른다. 바다에는 인류가 버린 쓰레기와 미세플라스틱이 가득하고, 우리가 먹는 모든 해산물에서도 미세플라스틱이 검출되고 있다. 탄소배출도 마찬

©필자 제공

이것이 우리가 선택한 미래일까?
기후재난과 식량 안보 위기 등 기후위기와
우리 청년세대는 어떤 관계가 있을까 돌아보게 된다.

가지다. 탄소배출은 일상생활에 지장을 주는 것을 넘어 세계 경제를 위협하고 있다. 당장에 즉각적인 성과가 없는 행동을 하는 것은 어렵다. 이 보장되지 않는 노력을 오랜 기간 지속하는 것은 더욱 어렵다.

하지만 헌법재판소 결정에 나오듯이 "현재의 온실가스 감축 노력이 불충분하면 그만큼 미래의 부담이 가중된다. 이것은 기후위기라는 위험 상황의 중요한 특성이다." 과거 무분별하게 배출된 온실가스로 현재 이미 심각한 기후변화를 겪고 있는 것에 대하여, 청년으로서 미래를 바라보고 할 수 있는 것들을 다 하고 싶다. 기후대응을 위한 법과 정책의 개선을 위하여 나도 이번 기후소송에 참여했다. 그러나 부족함을 느끼며 앞으로 더 많은 노력을 기울여야겠다고 생각했다. 크게는 제도 개선에서, 작게는 일상생활의 실천까지.

다시 듣는 **노회찬의 목소리**

정확히 얘기하자면 자유한국당이 회의를 하는 데 안 나타났어요. 실종 신고를 낼까, 이런 생각도 있어요.
—JTBC「정치부회의」, 2018. 4. 20.

'미인도'가 말을 걸어오다

이채원

협동조합 '고개엔마을' 사무국장

　서울시 성북구 미아리고개 하부에 있는 '미인도'는 시민들이 주체적으로 제안하고 가꿔온 공간이다. 이 공간에는 문화와 예술을 통해, 흩어진 삶을 모아 입체적이고 풍요로운 삶을 함께 만들어가고자 하는 소망이 담겨 있다. 나는 이 안에서 피어난 '시민'이다. 활동가이자, 문화기획자이고, 예술가이다. 나는 발로 뛰어 시민의 권리를 외치기도 하고, 시민이 발붙일 터를 만들어내기도 하며, 시민이기를 노래하고 있다.

　2016년 나는 미인도 인근 성신여대를 다니던 신입생이었다. 극회에서 연극을 기획하며 성북문화재단과의 연결을 시도하다가 재단 담당자의 소개로 주민 커뮤니티인 '아미고'아름다운 미아리고개 친구들와 적극적으로 결합했다. 아미고는 미인도 활성화를 목표로 활동하다가

2017년 '협동조합 고개엔마을'로 조직화하며 성북문화재단과 미인도 공동운영 협약도 맺었다. 그렇게 나는 미인도를 무대로 내가 하고 싶은 예술 활동을 시작하며 이곳에 뿌리내리기 시작했다.

    그로부터 7년간 나름 평안하고 즐거운 미인도 생활을 영위하고 있었지만, 올해는 투쟁의 한가운데 서 있다. 오랜 기간 생태계를 함께 일궈온 성북문화재단이, 서노원 대표의 취임 이후 모든 생태계를 무너뜨리고 있다. 협동조합 고개엔마을과 성북문화재단은 함께 '미인도 공동기획전 동네예술광부전'을 준비 중이었으나, 2024년 5월 8일, 성북문화재단 대표는 법적·행정적 근거가 없는 자의적 판단으로 참여 작가 두명을 배제하라고 지시했다. 이에 대해 조합을 비롯한 시민사회가 모여 문제제기를 하자 조합과 맺고 있던 미인도 공동운영 협약을 일방적으로 파기해버렸다. 이 권위주의적 행정은 미인도가 어떤 의미를 가진 공간인지 알고나 이뤄졌을까.

    수년간 미인도를 중심으로 활동하며 미인도에 대한 나의 시각은 네 단계로 변화해왔다. 이 변화는 예술가이자, 문화기획자, 활동가로 나 자신이 변모하고 진화하는 과정과 맞물린다. 첫번째 단계, 활동 초기 나에게 미인도는 하드웨어 차원에서의 공간에 지나지 않았다. 관리하기 까다롭지만, 활동의 터가 되어주는 하드웨어였다. 두번째 단계는 미인도에 모이는 사람들에게서 생성되는 이야기를 지켜보는 담론 생성의 터로서의 역할이었다. 세번째는 미인도를 두고 논의되는 제도, 정치, 정책, 도시권, 커먼스, 시민력 등 미인도 자체가 가지고 있는 의미와 상징이 중요해졌다. 네번째 단계에선 미인도와 미인도를 중심으로 활동하는 우리의 관계를 새롭게 성찰하고 있다. 미인도는 요즘 나에게 말을 걸어온다. 이제껏 들어본 적 없는 미인도의 목소리가 들린다. 우리가 미인도의 가능성에 대해 고민하고 성찰하고 모여 있는 이 순간을, 미인도는 반기고 있는 것 같다. 성북문화재단이 빼앗으려는 미인도를 시민의 것으로 지키려는 우리의 투쟁은 우리를 어디로 나아가게 할까?

나는 지금 미인도가 주는 양분을 먹으며 예술가에서 기획자로 또 활동가로 변모하며 그 언저리에서 시민이 되기를 외치고 있다. 미인도는 시민을 만들고 연결한다. 연결된 시민의 힘은 다시 미인도를 지켜내고, 새로운 차원의 공간이 된다. 내 일의 전부는 그런 것이다. 살아가는 동안 이 땅에 시민으로 발붙이고 서기 위한 활동이자 기획이자 예술이다.

"우리는 시민이고, 이 도시의 주인이다." 2024. 7. 22.

서울시 성북구 미아리고개 하부에 있는 '미인도'는
시민들이 주체적으로 제안하고 가꿔온 공간이다.

ⓒ필자 제공

'성북문화재단의 파행적인 문화행정 규탄 및 예술인 권리 침해에 대한 예술인권리보장위원회 신고 기자회견문' 미인도를 둘러싼 투쟁은 공간을 독점하려는 이익집단의 투쟁이 아니다. 우리는 미인도의 목소리를 빌려 시민이기를 외치고 있다. 미인도, 그리고 미인도의 투쟁에는 그간 쌓아온 생태계, 거버넌스, 시민 되기라는 다층적인 의미가 담겨 있다.

미인도는 진짜 시민의 공간으로 거듭나고 있다. 권위주의는 우리를 깨뜨리기 위해 돌을 던졌지만, 우리는 깨지지 않고 물결을 만들고 있다. 우리는 더 적극적으로 모이고 성찰하며 그 물결을 퍼뜨리고 있다. 미인도와 함께 우리는 생동하는 도시를 만들고 있다. 그러기에 미인도를 지키는 투쟁은 시민의 권리를 지키는 투쟁이다.

다시 듣는 **노회찬의 목소리**

동네에 파출소 생긴다니까 폭력배들, 우범자들이 싫어하는 거나 똑같죠. 모기들이 반대한다고 에프킬라 안 삽니까?
— TBS「김어준의 뉴스공장」, 2017.9.20.
고위공직자수사처 신설을 반대하는 자유한국당 의원들에게.

렌털 가전을 돌보는 나는
누가 돌봐주나요

전경선

방문점검원·코웨이코디코닥지부 본부장

 나는 렌털가전제품 방문점검원코디이다. 정수기나 공기청정기와 같은 가전제품을 대여 판매하고 관리까지 하는 업무를 담당한다. 나의 주 업무는 회사와 계약한 계정각 가정마다 관리하는 제품 하나를 계정 한개로 구분한다에 대해 2, 4, 6개월 주기에 따라 고객 가정에 직접 방문해 필터 교체를 하는 등 관리 점검하는 일이다.

 내가 코디로 일하게 된 것은 둘째 아이가 두 돌이 지났을 무렵이었다. 돈을 벌어 가계에 보탬이 돼야겠다고 생각하던 차에 "코디는 근무 시간이 자유롭다"라는 말을 듣고 일을 시작하게 됐다. 하지만 막상 시작하고 나니 그 자유는 나의 자유가 아닌 고객의 자유에 더 가까웠다. 시간을 칼같이 지키는 고객도 있지만, 방문 약속을 잊어버려 헛걸음하거나 고객이 늦어 한참을 기다려야 하는 경우도 허다했다. 그런 업무가 익숙해질 때쯤이면 곧이어 관절 질환이 찾아온다. 필터 교체와 노즐 교체 등 업무 특성상 손가락과 손목을 많이 쓰는 탓에 장기 근무자들은 손가락 관절염이나 손가락 변형, 손목터널증후군 하나씩은 앓고 있고, 매일 무거운 업무 장비를 어깨에 메고 다니며, 쪼그려 앉았다 섰다를 반복하며 일하다 보니 무릎 관절 통증은 필연적으로 따라오기 때문이다.

하지만 이런 직업병쯤은 아무것도 아니다. 매일같이 각 가정에 방문해야 하는 일이다보니 여러가지 예기치 못한 상황을 맞닥뜨릴 때도 있다. 개물림 사고는 3년 이상 일한 사람들은 모두 당해본 일이라고 할 만큼 흔하고, 점검 중인 코디를 뒤에서 껴안고, 가슴을 만지는 등 성추행도 다반사로 일어난다. 내 주변에도 업무 중 갑자기 돌변해 다가오는 고객을 가까스로 밀치고 뛰쳐나와 심적 트라우마로 아직 업무에 복귀하지 못한 동료가 있다. 하지만 그래도 이 정도면 다행이라고 해야 하나. 한달 전 경기도 지역에서는 코디가 고독사 현장을 발견한 일이 있었는데, 신고 후 경찰이 출동해 상황을 정리했지만, 해당 코디는 그날의 충격으로 지금까지도 업무에 지장을 받을 정도로 정신적·육체적 고통을 호소하고 있다. 생각해보시라. 방문 가정의 문을 열 때마다 누가 어떤 모습으로 날 맞을지, 또 어떤 위협적이고 공포스러운 상황을 맞닥뜨리게 될지 모른다는 것이 얼마나 두려울지를. 이런 모든 상황에도 회사는 '30분 이상 휴식 후 업무 할 것', '법적 문제에 대한 서류 발급은 가능'하며, '트라우마는 지역 근로자건강보호센터에서 상담받을 수 있다'는 식의 지침만 주었을 뿐 별다른 조치는 해주지 않았다.

나는 지난 17년간 단 하루도 빠짐없이 회사의 로고가 박힌 유니폼을 입고, 장비가 든 가방을 메고 출근했다. 대부분 업무가 가정을 방문해 이루어지기 때문에 용모가 단정하도록 늘 신경을 쓰고, 매주 소속된 사무실에서 회사의 업무 방침과 매뉴얼에 대해 교육받고, 매일 단체 채팅방에서 실적 관리와 업무 관리 감독을 받으며 일을 하고 있다. 그사이 회사는 내로라하는 기업으로 성장했고, 나 또한 회사의 성장에 일조했다는 생각에 많은 보람을 느끼고 있다.

그런데 보람과 보상은 완전히 다른 문제다. 내가 일을 시작하고 단 한번도 오르지 않았던 관리 점검 수당은 12년 만인 2021년 겨우 한번의 인상이 있었을 뿐이다. "코디는 회사의 얼굴"이라며 수시로 교육하고 업무 하나하나까지 간섭하며 관리하고, 회사 교육과 출근을 강요하면서도 업무상 발생하는 주유비와 교통비,

생각해보시라. 방문 가정의 문을 열 때마다
누가 어떤 모습으로 날 맞을지, 또 어떤 위협적이고
공포스러운 상황을 맞닥뜨리게 될지 모른다는 것이
얼마나 두려울지를.

업무 중 상해 비용이나 식대 등은 전혀 지급하지 않고 있고, 업무 시 필수인 유니폼도 개인 비용으로 구입하도록 강요한다. 방문점검원은 직원이 아닌 특수고용직 노동자이므로 회사가 지급할 의무가 없다는 것이다. 게다가 최근에는 회사가 자가관리 제품을 출시하면서 점점 업무를 줄이는 바람에 코디들은 생계를 위해서 영업에 나서지 않으면 안 되는 상황이 됐는데도, 회사는 이에 아랑곳하지 않고 오로지 영업에만 혈안이 되어 계속해서 새 코디 충원에만 열을 올리고 있다.

우리 코디들은 노동기본권조차 보장받지 못하는 부당한 현실에 맞서 근로기준법상 근로자로 인정받기 위한 소송 신청을 준비했고 지난 8월 법원에 소장 접수를 마쳤다. 상식이 통하지 않아 법의 힘을 빌릴 수밖에 없는 상황이 그야말로 웃기면서도 슬프다. 하지만 우리는 우리의 노동의 가치를 인정받기 위해 앞으로도 멈추지 않을 것이다. 단언컨대 우리, 방문점검원의 노동은 '렌털'이 아니다.

다시 듣는 **노회찬의 목소리**

> 우리 역사에서 1970년대는 저임금과 저곡가 그리고 노동 탄압이 성장 동력이었던 시대입니다.
>
> —민주노동당 예비 경선 출마 선언문, 2007. 3. 11.

오늘도
아이를 읽습니다

이원희

독서지도사

'책을 좋아한다.' '책 읽기를 좋아한다.' '아이들을 좋아한다.' '아이들과 대화하기를 좋아한다.' '배우기를 좋아한다.' '내 아이를 돌보며 일을 하고 싶다.' '내 아이들을 책과 함께 키우고 싶다.'

이런 분이라면 직업으로 독서지도사가 딱 맞다. 나 역시 그렇다. 큰아이가 첫돌이 지났을 무렵, 독서지도사 자격증 과정 모집 공고를 보게 되었다. '아, 이거다. 나한테 딱 맞는데' 하는 생각에 무작정 자격증 과정을 밟게 되었다. 그렇게 해서 민간 자격증을 따고 바로 일을 시작한 게 꼭 20년 전 일이다.

이상과 현실은 다르다. 이상은 아이들과 책 읽고 토론하며 그들의 사고력 증진과 독서 생활화에 이바지하고, 돈도 벌고 내 아이도 책으로 훌륭하게 키워내는 슈퍼 워킹맘. 하지만 현실은 몇년간 필독서 구매 비용과 수업 자료 잉크값도 안 나오는 수입에, 수업에서도 내 아이는 항상 뒷전으로 밀린다.

독서지도사는 대체로 개인사업자로, 집이 곧 사업장인 1인 기업이다. 자기가 속한 지역의 특수성, 영업력, 홍보력, 지도력에 따라 성공 여부가 천차만별인 세계가 사교육 분야지만, 독서 교육은 특히나 정착하기 쉽지 않은 게 현실이다. 물론 방문 과외 형태도 있고, 상가로 나와 운영하는 교습소 형태도 있지만, 사정은 대개 비슷하다.

20년 전 파주에서 독서지도를 시작할 때는 상황이 더욱 열악했다. 처음 몇년은 도서관과 지역아동센터, 보육원 등에서 하는 봉사활동이 더 많았다. 그러니 이렇다 할 안정적인 수입이 될 때까지 꽤 긴 시간이 필요했다. 나는 여전히 보육원 아이들과 20년 가까이 책으로 만나고 있다.

독서지도사로서 또 하나 마주한 현실은 공부를 계속해야 한다는 것이었다. 독서지도사 조건에 '배우기를 좋아한다'를 넣은 것도 이런 까닭이다. '끊임없는 공부'는 독서지도사에게 가장 현실적인 생존 조건이다. 아이들과 매달 문학, 비문학 분야 책을 읽는데, 비문학 책은 역사, 철학, 사회, 과학, 예술, 법, 기술, 컴퓨터 등 거의 전 학문 분야를 망라한다. 아동·청소년 도서라고 만만하게 볼 수준이 아니다. 독서지도사로 일한 20년 가운데 10년은 계속 무언가를 배우는 학생이었다.

그러나 정작 독서지도사로서 만난 가장 어려운 책은 아이들이었다. 책을 안 읽어 오는 아주 일반적인 문제부터 책상 밑에 드러눕는 아이, 시작부터 끝날 때까지 힘들다 재미없다고 투덜대는 아이, 말 안 하는 아이, 글 안 쓰겠다는 아이 등을 많이 만난다. 그럴 때마다 독서지도사로서 부족한 능력과 자질을 자탄했다.

교과 지식이 아닌 생각을 키워주는 수업이라 진심으로 아이들의 마음을 읽어내고 싶었고, 온몸으로 말하는 아이들의 언어를 번역하고 싶었다. 난독증이나 학습 장애, 자폐 스펙트럼 장애 등으로 독서가 힘든 아이들을 만날 때는 더욱 안타까웠다. 그래서 치유적 독서에 관심을 두고 독서치료사 과정을 또 공부했다. 이 공부는 내게 큰 도움이 되었다. 문제는 아이들이 아니라 나였다는 것. 나를 이해하고 내 문제를 알게 되니 수업이 한층 여유롭고 편안해졌다.

내가 변하니 아이들도 변했다. 아니 아이들은 그대로인데, 내가 그들을 바로 보게 되었다. 발표나 연설을 거부하던 아이가 어느 순간 스스로 회장 선거에 나가 연설을 하고 회장이 되었다며 자랑했다. 수업 시간에는 글쓰기를 그렇게 싫어하더니 정작 학교 글쓰기 대회에서는 상을 타 왔다. 책 읽기를 싫어하던 아이가 꿈이 독서지도사라고 말한다. 아이들의 작은 변화에 매일 크게 감사하고 작게 보람을 느낀다. 독서가 만능이라고 하는 것이 아니다. 다만 책이 아이의 마음을 읽는 도구가 될 수 있다는 것이다. 어느 날은 놀이 도구가 되고, 또 어느 날은 읽기·말하기 도구, 글쓰기·그리기 도구, 치유의 도구가 된다. 독서지도사는 이 도구를 잘 활용하는 사람이다. 그러면 아이들은 스스로 자란다.

독서지도사는 영원히 미완성형 교사인 것 같다. 20년을 해도 아이들은 여전히 열심히 공부해야 하는 어려운 책이다. 세상에 읽을 책은 많고 많다. 세상은 시시각각 변하고 알아야 할, 알고 싶은 지식은 넘친다. 그래서 독서지도사들도 매일매일 공부하고, 매일매일 큰다.

다시 듣는 **노회찬의 목소리**

한국에서 노동운동은 아직 독립운동이다. 세상이 불온시하고 언제 불이익을 당할지 모르고 겁이 나서 함께하기 두려운 독립운동이다.

— 「난중일기」, 2004.9.14.

조선업 호황의 뒷면

이김춘택

하청노동자·금속노조 거제통영고성조선하청지회 사무장

한국 조선업이 초호황을 누리고 있다. 흑자는 갈수록 더 커져 2026년에는 현대중공업 1조 6283억원, 삼성중공업 1조 1980억원, 한화오션 9748억원의 어마어마한 영업이익이 예상된다.

그러나 조선소 직접생산의 80퍼센트 이상을 담당하고 있는 하청노동자의 살림살이는 전혀 나아지지 않고 있다. 이삼십년을 일한 숙련노동자가 최저임금보다 1~2천원 정도 더 받는 저임금 구조는 그대로이고, 오히려 하청업체는 지금이 가장 힘들고 어렵다며 임금체불까지 발생하고 있다.

하청노동자는 이같은 현실을 '풍년에 보릿고개'라고 말한다. 이렇다보니 불황기에 조선소에서 쫓겨난 하청노동자들이 호황기가 되어도 다시 조선소로 돌아오지 않는다. 젊은 노동자는 조선소를 기피한다. 하청노동자 저임금을 계속 유지하려는 정부와 재벌기업은 모자라는 노동자를 다단계 하청 물량팀과 저임금 이주노동자로 채우고 있다. 이러한 고용구조 악화는 조선소 현장을 더 위험하게 만들어 중대재해가 급증하고 있다. 2024년에만 노동자 스물여덟명이 조선소에서 일하다 목숨을 잃었다.

저임금과 차별 그리고 죽음이 늘 곁에 있는 위험한 현장, 한국 조선업 초호황 뒷면의 어두운 현실을 어떻게 바꿀 수 있을까? 오직 유일한 해답은 '노동조합'이다. 하청노동자가 노동조합으로 단결하고 투쟁해 스스로의 힘으로 잘못된 현실을 바꾸는 것 말고는 다른 방법이 없다. 그런데 막상 하청노동자가 어렵게 노동조합을 만들어도 커다란 벽에 부딪히게 된다. 하청노동자의 임금, 고용, 복지, 안전 등 노동조건에 대한 실질적인 결정권은 원청 기업이 가지고 있는데, 원청은 전혀 단체교섭에 응하지 않고 현행 노동법은 원청의 교섭 거부를 용인해왔기 때문이다.

'노란봉투법'으로 이름 붙여진 노동조합법 2조, 3조 개정은 그래서 필요하다. 하청노동자가 진짜 사장 원청과 단체교섭을 할 수 있게, 하청노동자도 헌법이 부여한 노동3권을 실질적으로 누릴 수 있게 법을 바꿔야 한다. 2022년 여름 한화오션옛 '대우조선해양' 하청노동자의 파업투쟁이 한국 사회에 큰 반향을 일으키면서 노동조합법 2조, 3조 개정도 힘을 얻게 됐다. 그러나 윤석열 대통령은 어렵게 국회를 통과한 노란봉투법에 대해 두번이나 거부권을 행사했다. 헌법을 지켜야 할 대통령이 헌법이 부여한 노동자의 권리를 앞장서 가로막은 것이다.

이런 상황에서 윤석열은 불법 비상계엄을 선포했고, 노동자·시민이 이에 맞서 싸우면서 탄핵 광장이 열렸다. 한화오션 하청노동자는 비상계엄이 선포된 12월 3일 밤에 한겨울 추위를 견디며 21일째 노숙농성과 파업 중이었고 14일째 단식투쟁을 하고 있었다. 파업을 하면 영장 없이 체포하고 처단한다는 포고령 발표를 들으며 무섭기도 했지만, 다음날부터 광장에서 윤석열 탄핵을 외치며 시민들과 함께했다.

다행스러운 일은 탄핵 광장의 깃발이 점점 더 많아지고 점점 더 다양해지고 있다는 사실이다. 특히 탄핵 광장에 나선 시민들이 남태령 고개에서 경찰 차벽에 막힌 전봉준투쟁단 농민들과 밤새 연대해 길을 열어낸 이후, 그동안 힘들게 싸워온 노동자 투쟁에도 관심을 갖고 연대하기 시작했다. 지난해 12월 31일엔 그 남태령 시민들이 천리 먼 거제도까지 찾아와 하청노동자와 연대하며 2025년 새해맞이를 함께 하기도 했다.

한화오션 하청노동자는 49일 동안의 단식투쟁을 끝내고 지금은 서울 장교동 한화 본사 앞에서 천막농성을 하고 있다. 거제와는 비교할 수 없이 매서운 서울 추위를 천막 하나로 견디면서, 한화오션의 노조탄압·노조혐오 중단을 요구하고 있다. 탄핵 광장에 나가 수많은 시민과 함께 "윤석열 파면"을 외치며, 동시에 "모든 노동자에게 노동3권을", "노동조합법 2조, 3조 개정"을 외치고 있다.

광장에 넘쳐나는 연대가 더욱 크고 넓어지기를 소망한다. 윤석열 파면 이후에도 조선소 하청노동조합 푸른 깃발이 무지개색 깃발과 함께 그리고 각자의 절실한 마음을 담아 만든 다채로운 깃발과 함께 펄럭이기를 소망한다. 대통령만 바꾸는 것이 아니라 한국 사회를 보다 정의롭고 평등하게 바꿀 수 있기를 소망한다. 하청노동자도 실질적인 노동3권을 가지고 진짜 사장 원청과 당당하게 단체교섭할 수 있기를 소망한다.

> 다시 듣는 **노회찬의 목소리**
>
> 사랑하는 당원들에게 마지막으로 당부한다.
> 나는 여기서 멈추지만 당은 당당히 앞으로 나아가길 바란다.
> ─노회찬 의원의 유서에서.

닫는 글

감옥으로부터의 편지

아버님 어머님께.

4월이 눈앞에 다가왔는데도 이곳의 개나리는 쌀알만 한 꽃봉오리를 달고서 벌써 2주째 태연자약하게 봄날을 보내고 있습니다. 꽃을 피울 기온이 아님을 잘 알고 있기 때문이지요. 자연의 섭리를 체득하고 있는 생명에게서 기다림의 여유를 배웁니다.

어머님 편지 21신까지 잘 받았습니다. 2년 반 동안 172통의 어머님 편지를 받았습니다. 깊은 사랑의 무게를 느끼게 됩니다. 1968년도 늦가을, 부산중학교 입시를 앞두고 깨알 같은 펜글씨로 '부중입학'이라는 기원을 노트표지 가득히 채우시던 일이 생각나는군요. 그제나 저제나 오늘의 제가 있기까지 아버님 어머님의 사랑과 정성과 염려와 기도가 큰 뒷받침이 되었음을 징역살이를 정리하며 새삼 느끼게 됩니다. 172통의 편지가 말해주듯이 지속적인 관심과 염려 덕분에 알찬 생활을 이제 마무리하고 건강한 모습으로 나갈 수 있게 되었다고 생각합니다. 지난 2월 면회 시에, 출소하면 바로 하향하여 계속 부산에서 살아야 한다는 말씀을 듣고 그 자리에서도 간략히 답변드렸지만 그후에도 많은 생각을 하게 되었습니다. 부모가 자식에게 함께 살자고 요구하는 것은 인지상정이며 자식이 위험한 지경에 처하는 것을 피하게 하려는 것도 당연한 일이라 생각합니다. 그런 의미에서 저는 부모님의 염려와 희망 모두를 잘 이해할 수 있으며 되도록 그렇게 하는 것이 사람 된 도리라고 생각합니다. 만일 제가 서울이나 인천에서 어떤 장사를 하는 처지였다면 저는 부산에서 함께 살기 위해 가게를 처분하고 업종을 바꿔서라도 내려갔을 것입니다. 제가 의사라면 병원을 옮겨 부산에서 개업하며 부모님을 모셨을 것입니다. 그런데 지금 저의 처지에서 부산에 내려가 산다는 것은 제가 그동안 젊음과 정열을 바쳐가며 노력해왔던 일, 바로 저의 직업을 완전히 포기하는 것을 의미하는 것입니다. 문제는 바로 여기에 있는 것입니다. 그렇기 때문에 저는 자식된 도리를 다하면서 동시에 한 인격체로서 자신의 인생항로를 분명히 해나가는 두가지 일을 조화시켜 둘 다 이뤄낼 방법을 찾아내려고 노력할 것입니다. 그날 제가 드린 답변도 바로 이런 취지에서였습니다. 물론 저는 형식적으로 도리를 지키려는 것이 아닙니다. 가족과 화목하게, 오래오래 동고동락하며 생활하는 것은 그 실현 여부를 떠나 모든 인간의 보편적인 희망이라 생각합니다. 바로 그렇기 때문에 바로 부산에 내려와 살자는 말씀을 들으며 다른 한편으론 큰 아픔을 느끼기도 했습니다. 수십년간 자신의 정열과 노력을 다 바쳐 자신의 음악세계를 구축한 피아니스트가 "당장 피아노 치는 일을 그만두고 시골에 내려와 농사를 지어라"는 말을 들은 것 같은 심정이었습니다. 자신의 음악세계에 대한 몰이해도 섭섭한 일이지만, 37살 먹은 피아니스트에게 직업을 바꾸라는 얘기는 무얼 의미하는 것입니까? 그것은 바로 그 나이가 될 때까지 해온 일을 아무 쓸모없는 일이라 규정하는 것과 다를 바 없습니다. 이제까지 헛살았으니 이제부터 딴 일하며 바로 살라는 얘기입니다. 바로 저를 체포한 수사관들이 그랬습니다. 검사도 그렇고 유죄를 선고한 판사도 그랬습니다. 정치범이 한명도 없다는 노태우도 마찬가지입니다. 그들은 모두 저에게 "백해무익한 일 그만두고 딴 일 하라"고 요구했습니다. 실제로 검사는 제게 반성문을 쓰면 바로 내보내주겠다고 얘기했었죠. 제가 한 일이 정당하고 올바르다고 믿기에 저는 반성문 쓰기를 거부하고 대신 2년 6개월의 징역살이를 택했습니다. 그간의 징역생활을 여유 있고 안정된 마음으로, 열심히 공부하고 열심히 운동하면서 지낼 수 있었던 것은, 단 한순간도 후회하거나 신세를 한탄하는 일이 없이 꿋꿋하고 낙천적으로 보낼 수 있었던 것은 물론 가족·친지들의 따뜻한 사랑과 격려도 도움이 되었지만 그 바탕에는 무엇보다도 제가 한 일에 대한 확신, 그 정당함에 대한 자부심 이런 것들이 깔려 있었기 때문입니다. 그렇기 때문에 남들은 하루를 살아도 지옥을 경험한 것처럼 싫어하는 징역살이를 웃으며 보낼 수 있었던 것입니다. 남달리 인내심이 강해서 참은 것이 아닙니다. 이만한 고생쯤은 오래전부터 각오했던 일이며 수많은 사람들이 겪는 일이기에 고생이 고생으로 느껴지지 않았으며 오히려 영광스런 일, 보람된 일로 여겨졌던 것입니다.

아버님, 어머님!

인간이 인간을 부당하게 억압하고 착취하는 일을 근절시켜 모든 인간이 인간답게 사는 세상을 만드는 일. 그런 사회운동, 정치운동을 펼치는 것이 바로 저의 직업입니다. 이것은 무슨 이상한 사상에 물든 결과가 아닙니다. 의롭게 살아야 한다, 불의와 싸우는 용기를 지녀야 한다, 개인의 출세나 영달보다는 사회 전체의 이익을 위해 살아야 한다, 자신을 희생하더라도 옳은 일을 위해 싸우는 사람보다 훌륭한 사람은 없다. 이 모든 것들은 제가 초등학교에서부터 대학교에 이르기까지 개근상을 받으며 열심히 공부하면서 배운 내용이며 또 그것을 실천하고자 노력해온 것들입니다. 간혹 여쭤보고 싶은 것이 있었습니다. 어머님께서 그리 간절하게 제가 좋은 학교에 입학하길 원하실 때 어머님께선 제가 그 학교를 졸업하고 어떤 사람이 되길 바라셨습니까? 저는 지금도 잊지 않습니다. 바로 20년 전 1972년 2월, 돌아서서 눈물을 감추시는 어머님을 뒤로 하고 정든 집을 떠났습니다. 그날 기차가 낙동강변을 거슬러 올라갈 때 붉은 태양이 강물을 비추며 서쪽으로 지고 있었습니다. 그 태양을 보며 저는 맹세했습니다. "객지타향에 가더라도 한눈팔지 않고 이를 악물고 열심히 노력하여 반드시 훌륭한 사람이 되어 사회에 기여하겠다"고. 20년이 지난 지금에 와서 돌이켜볼 때 보다 더 열심히 살지 못한 점들이 반성되고 부모님을 보다 기쁘게 해드리지 못한 점이 가슴 아픕니다. 그러나 저는 제가 학교에서 배운 대로, 또 제가 다짐한 대로 정도正道만은 곧게 걸어왔다고 생각합니다. 그리고 계속 이 길을 가야 한다고 생각합니다. 보다 편하게 사는 길들도 있다지만 저는 그런 인생의 길에선 아무런 살 의욕을 느끼지 못합니다. 비록 힘든 길이긴 하지만 그간의 노력으로 저는 일정한 역량을 쌓았고 또 남달리 이런 일에 재질이 있다고 생각합니다. 남들이 볼 때는 고생스럽게 보이기 때문에 부모님께서도 염려하시는 것을 잘 알고 있습니다. 그러나 다른 사람이 보는 것보다는 덜 힘들며 무엇보다도 의롭고 보람된 일이며 다른 사람들은 하지 않는다 하더라도 저처럼 오랫동안 마음먹고 노력해왔으며 또 재질을 가진 사람들이 앞장서서 이 일을 해야 한다고 생각합니다. 어린 학생들이 오직 정의감 하나 갖고 앞뒤 가리지 않고 화염병을 던지거나 밀가루를 뒤집어씌우는 것과는 질이 다릅니다. 현실적 조건에 맞춰 합리적이고 현명한 방법을 찾아나갈 것입니다.

그렇기 때문에 저의 직업과 그것에 대한 저의 생각을 널리 헤아려주시기 바랍니다. 먼 길에서 돌아온 아들을 불을 끄고 글씨를 쓰게 한 후 아직 멀었다며 바로 쫓아낸 한석봉의 어머님처럼 제가 올바르게 살아가고 있는지, 불의와 타협하지는 않는지, 성실하게 일하는지를 관심을 갖고 채찍질해주시기 바랍니다. 훗날 후손들에게 '아무것도 물려주지 못했으나 이 나라와 민중을 위해 열심히 일하고 살아왔다'는 자부심을 남겨줄 수 있도록 도와주십시오. 부모님의 이해와 격려는 제가 이 세상에서 뜻을 펴고 또 사회에 기여하는 데 그 무엇과도 바꿀 수 없는 큰 힘이 될 것입니다. 저 역시 자식 된 도리를 다하면서 또 저의 직분을 다하는데 진력을 기울일 것입니다. 맹장猛將 아래 약졸弱卒 없듯이 강한 부모 밑에 약한 자식 없을 것입니다. 보다 강하게 이 험한 세파를 헤쳐나갈 수 있도록 도와주십시오.

타의에 의해 강제된 징역생활이었지만 인생에 유

익힌 시간으로 활용함으로써 결국 승리하였다고 생각합니다. 부모님의 사랑과 지원에 깊은 감사를 드립니다. 승리한 사람들답게 웃는 얼굴로 만나기 바랍니다. 또 늘 화목한 분위기를 유지하도록 하는 데 큰 노력을 기울이겠습니다. 하룻밤을 꼬박 새우게 되는데 아버님께선 이곳까지 안 오셨으면 합니다. 제가 찾아가서 뵙는 게 도리일 듯싶습니다. 어머님께선 멀미 예방약으로 '귀밑에' 붙이는 약 이름를 이용하십시오. 안녕히 계십시오.

1992년 3월 25일
회찬 올림

우리는 직장 동료입니다

여러분 만나 뵙게 돼서 정말 반갑습니다. 여러분과 함께 식사하는 자리를 이전 17대 국회 때 현역 의원 중에 제가 제일 먼저 제안했는데, 그때도 함께하셨던 분 계십니까? 한분 계시네요. 그리고 19대 때는 본청 귀빈식당에 한번 모셔야겠다, 해서 그곳에서도 식사를 같이 했었습니다. 이런 행사는 저희가 사진 몇장 찍으려고 형식적으로 하는 것은 아닙니다. 저희 정의당 의원들은 여러분과 같은 공간, 국회라는 같은 공간에서 함께 일하는 직장 동료들입니다. 비록 맡은 바 업무에는 차이가 있을지언정, 국민을 위해 한 공간에서 일하는 동료라는 의식을 저희는 늘 잊지 않으려고 합니다. 그런 점에서 20대 국회가 시작되는 오늘 첫 행사로 여러분과 함께 식사하는 자리를 마련한 것은 여러분이 늘 직장 동료라는 점을 잊지 않기 위해서입니다. 또한

우리나라 곳곳에서 힘들게 일하고 있는, 여러분과 같은 처지의 많은 분들이, 저희가 누구보다도 먼저 생각하고 대변해야 하는 분들이라는 사실을 잊지 않기 위해서입니다.

다소 어색하고, 다소 불편하실지도 모릅니다. 그러나 그보다 중요한 것은 저희의 진심이라고 생각합니다. 진심과 진심이 잘 통하기를 바라고 저희가 늘 정신 똑바로 차리고 일 제대로 할 수 있도록 옆에서 같이 깨우쳐주시기 바랍니다. 또 여러분이 일하는 동안 겪는 여러 문제에 대해서 저희가 저희 일로 생각하고 함께 노력하겠습니다. 그리고 여러분이 원래 쓰던, 여러분들의 노조가 쓰던 공간이 잘 유지되기 바랍니다. 그렇게 되도록 또 저희가 노력할 것이고요. 혹 일이 잘 안 되면, 저희 사무실 같이 씁시다. 그냥 공동으로. 저희 정의당이 국회에 있는 한 여러분들이 외로워지는 일은 없을 것입니다. 제가 원내대표로서 약속드리겠습니다. 오늘 식사 맛있게 하시고, 종종 뵙겠습니다.

감사합니다.

2016.5.30, 국회 청소 노동자와의 오찬 간담회 인사말

　

고(故) 노회찬 의원의 20대 국회의 첫 공식 일정은 다름 아닌 국회 청소 노동자들과의 식사 자리였습니다. "우리는 직장 동료입니다"라는 담담한 한마디에는 그가 꿈꾼 정치의 많은 것이 담겨 있습니다. 그는 매해 3월 8일 '세계 여성의 날'이면 청소 노동자들에게 장미꽃을 건넸고, 국회사무처가 휴게 공간을 비워달라고 요구하자 "그럼 저희 사무실 같이 씁시다"라고 손 내밀던 사람이었습니다.

2018년 7월 27일, 그의 국회 영결식 날. 작업복을 입은 국회 청소 노동자들이 국회 앞 운구차 길목에 조용히 도열했습니다. 평소 자신들을 진심으로 대해주었던 단 한 사람의 정치인을 보내며, 이들은 고개를 숙인 채 하염없이 눈물을 흘렸습니다. 누군가의 삶을 진정으로 이해하고 존중했던 노회찬이라는 이름이 왜 그토록 오래 가슴에 남는지를 온몸으로 보여준 장면이었습니다.

이 인사말을 책에 싣는 이유는, 정치가 누구 곁에서 시작해야 하고 누구를 위해 존재해야 하는지를 잊지 않기 위함입니다. 이 글은 20대 국회의원 노회찬 의원의 '처음'이었고, 또한 영원히 지워지지 않을 '마지막'이기도 합니다.

당신의 퇴근은 언제입니까

초판 1쇄 발행 / 2025년 7월 18일

지은이 / 6411의 목소리
펴낸이 / 염종선
책임편집 / 이진혁
조판 / 황숙화
펴낸곳 / (주)창비
등록 / 1986년 8월 5일 제85호
주소 / 10881 경기도 파주시 회동길 184
전화 / 031-955-3333
팩시밀리 / 영업 031-955-3399 편집 031-955-3400
홈페이지 / www.changbi.com
전자우편 / lit@changbi.com

ⓒ (재)평등하고 공정한나라 노회찬재단 2025
ISBN 978-89-364-8087-5 03300

* 이 책 내용의 전부 또는 일부를 재사용하려면
  반드시 저작권자와 창비 양측의 동의를 받아야 합니다.
* 책값은 뒤표지에 표시되어 있습니다.